成为管理高手

牛克锦 ◎ 著

台海出版社

图书在版编目（CIP）数据

成为管理高手 / 牛克锦著． — 北京：台海出版社，
2024．10．（2025.5 重印）-- ISBN 978-7-5168-4049-8

Ⅰ．C93

中国国家版本馆 CIP 数据核字第 2024N7T797 号

成为管理高手

著　　者：牛克锦
责任编辑：魏　敏　　　　　　封面设计：天下书装
策划编辑：陈　旭
出版发行：台海出版社
地　　址：北京市东城区景山东街20号　邮政编码：100009
电　　话：010-64041652（发行，邮购）
传　　真：010-84045799（总编室）
网　　址：http://www.taimeng.org.cn/thcbs/default.htm
E - m a i l：thcbs@126.com
经　　销：全国各地新华书店
印　　刷：三河市九洲财鑫印刷有限公司
本书如有破损、缺页、装订错误，请与本社联系调换
开　　本：710毫米×1000毫米　　　　1/16
字　　数：175千字　　　　　　　　　印　张：12
版　　次：2024年10月第1版　　　　　印　次：2025年5月第2次印刷
书　　号：ISBN 978-7-5168-4049-8
定　　价：52.00元

版权所有　翻印必究

前言

　　管理这件事，乍一听好像很简单，谁都能说上两句，但真正做起来，却并不容易。说实话，很多管理者有过这样的幻想：如果下属都像机器一样精准、高效，我们岂不是可以轻松"躺赢"？然而，事实是，我们每天需要面对的，是独立的个体，他们有自己的情绪、想法、习惯，甚至还有偶尔的"神操作"。你以为自己在管事，实际上，你是在管人——这才是管理的真谛。

　　实话实说，在管理这条路上，我也踩过无数坑。什么"老板发号施令，你去实现它""下属个个精明能干，业绩蒸蒸日上"——这些都是教科书里讲的美好世界。现实呢？上级说的是目标，给你的却是资源有限的烂摊子；下级说要出成果，却只带来了一堆问题。管理就是在层层夹击中寻找出路。

　　我敢说，任何在管理岗位上干过几年的朋友，都有一个共识：人不是最难管的，最难管的是人的心理。管好团队的情绪，抓住每个人的心，才是管理高手的境界。说白了，管人比管事要难，管情绪比管任务更复杂。你不仅要像个指挥家那样调动团队的每个乐手，让他们奏出的音符组合成美妙的乐章，还得像心理医生，时刻关注每个人的"精神健康"，在必要的时候为他们提供情绪价值。

　　有些人以为，所谓管理，就是玩玩套路，讲讲大道理。于是，他们在看过许多管理书、背过诸多名言警句后，就以为自己能轻松"玩转"管理了。结果，一到实操环节，还是手足无措。这不是因为他们不够努力，而是很多书本上的大道理，如果不能落到实际管理工作中，只能是空谈。而且，那些讲求高深管理学理论的图书，很多时候只是让你知道"该做什么"，而不会告诉你要"怎么做"。这就像知道"天要下雨"，却没有人告诉你雨伞怎么撑。

在这本书里，我不想讲那些空洞的大道理，想给你的是具体的抓手。我会告诉你怎么把管理这门复杂的艺术，变成一套实操性强的工具。如果你刚走上管理岗位，还在摸索着怎么"活下去"，我会告诉你：别慌，先稳住阵脚，如何让上级满意，团队服气，业绩提升起来。如果你已经在中层岗位上有所斩获，准备继续"向上冲"，我也有办法教你怎么用好管理杠杆，真正让团队成为你的"得力干将"，让你从"事事亲力亲为"中解脱出来。

管理其实并不神秘，它就是一门实践科学。在这个过程中，你需要的不仅仅是理论，更是可以落地的操作技巧。翻开这本书，我将和你一起，跨越那些看似棘手的管理难关，一起找到属于你的管理节奏。

目 录

第一章 管理者的角色转变：从业务干将到领导者

从单打独斗到统筹全局：如何驶入中层管理快车道 ... 002
化解"空降"危机："软着陆"秘籍，让团队服从安排 ... 005
心理契约的力量：打造"自驱型团队" ... 008
团队打造：让团队高效运转的秘密武器 ... 011
凝聚力：如何让团队"拧成一股绳"，指哪儿打哪儿 ... 014
新人融入：如何尽快融入团队 ... 017

第二章 下属激励与"谈话艺术"：沟通有道，激励有方

士气低迷：刚上任该如何鼓舞士气 ... 022
与下属谈心：明确 5 个问题 ... 025
"拿捏老油条"：老员工该怎么管理 ... 028
对症下药：教你听懂下属的"弦外之音" ... 031
提问有技巧：如何与下属高效沟通 ... 034
有效反馈：不要做过于善解人意的上司 ... 037
如何开会：不要做形式主义的领导者 ... 040

第三章 业务"破局"与战略执行：从思维到行动的跨越

业务困境：把身边的庸才变成干将 ... 044

战略落地：分解和实现战略的 4 个方法 ... 047

争取资源：如何让公司全力调配资源支持 ... 050

推倒"部门墙"：让价值链成为你的秘密武器 ... 053

长远思维：不要看到问题就去解决 ... 056

冲锋陷阵：带队打赢"漂亮仗"的方法 ... 059

优化永无止境：现有流程效率低怎么办 ... 062

第四章 任务分配和目标管理：把目标变成成果

"三步走法则"：适合任何公司的目标制定方法 ... 066

团队赋能：帮助下属制定靠谱的阶段目标 ... 069

目标管理：带领团队实现不可能的目标 ... 072

行动方案：帮助下属找到正确的下一步 ... 075

闭环管理：监督下属不再是负担 ... 078

KPI 难题：为什么你设计的 KPI 是摆设 ... 081

因材施教：要有金刚手段，也要有菩萨心肠 ... 084

第五章 人才培养与"牛人"选拔：点石成金的艺术

团队培训：建立独有的培训体系 ... 088

培训调研：精准找出"业绩疲软"的原因 ... 091

人才复制：如何从 60 分变成 80 分 ... 094

经验萃取：个体优秀，团队却"拖后腿"，怎么办 ... 097

"牛人"招募：吸引比自己更优秀的下属 ... 100

人才盘点：两级管理制的底层逻辑 ... 103

避免人才断层：谁走了都不耽误事 ... 106

第六章 团队冲突与协作：从矛盾到协同的智慧

冲突不怕，怕的是不会化解：分配资源的"润滑剂" ... 110

下属闹矛盾：解决协而不调的 3 个方法 ... 113

高效协同：让团队成员无缝合作 ... 116

共享愿景：让每个人都为同一目标奋斗 ... 119

员工谈话艺术：不要讨好下属 ... 122

难题当前：如何带领团队"破局" ... 125

团队学习机制：让团队自驱成长 ... 128

第七章 领导力进阶与自我修炼：做掌控全局的管理者

管理高手必修：姿态、状态、心态 ... 132

向上管理：如何把上级变成你的"同盟" ... 135

立威立规：搞定"不听话"的下属 ... 138

管理节奏：高情商管理者才能掌控全局 ... 141

领导力复盘：管理高手的 3 个"里程碑" ... 144

第八章 组织结构与人才管理：打造高效团队的核心

人岗匹配：通过架构调整提升团队效率 ... 148

招聘技巧：招聘比自己厉害的人 ... 151

晋升与人才盘点：做好团队的"人才蓄水池" ... 154

干部选拔：业绩好不一定适合转管理岗 ... 157

职业规划：真正帮助下属找到人生方向 ... 160

第九章 企业文化与价值观塑造：从理念到行动的转化之道

价值观落地：要让企业价值观"知行合一" ... 164

团队文化：通过无形力量提升团队战斗力 ... 167

建立信任：成为下属心目中的"靠山" ... 170

激发动力：少用物质奖励激励员工 ... 173

发现自我优势：挖掘自己的"管理超能力" ... 176

互补团队：打造一支"1+1>2"的黄金团队 ... 179

平衡术：在事业与生活之间找到"黄金分割点" ... 182

第一章

管理者的角色转变：
从业务干将到领导者

从单打独斗到统筹全局：
如何驶入中层管理快车道

带着问题学管理

1. 业务能力强，你就一定会管理吗？
2. 如果团队依赖你解决所有问题，你准备好被拖累了吗？
3. 当团队成员表现不佳时，你是反思自己的领导方式，还是责怪他们？

恭喜升职！从今以后，你就要踏入管理层，成为一名中层管理者了！

收到这个消息，想必每个打工人都会欣喜若狂，觉得自己的努力终于得到了肯定，优秀的业绩也有了相应的回报。

但先别急着高兴，你的麻烦恐怕很快就要来了——很多人可能不相信这句话。事实上，三年前，我的一位学员小丁在听到这句话时，也不相信，还有些不以为然。

三年前，小丁凭借优秀的业绩，获得公司肯定，被提拔为销售部的中层管理者。当他满怀期待地把这个消息告诉我的时候，我直接泼了他一盆冷水，跟他说："别急着高兴，你的麻烦恐怕很快就要来了。"

那时候，小丁满脸不以为然，仍然保持着"我能解决一切"的心态，习惯性地想通过个人努力来获得优异的工作业绩。但是没过多久，他就发现，团队面临的问题比他想象的要复杂得多。

在一次重要的客户会议上，小丁团队的销售小李在介绍方案时因为太紧张，声音颤抖，眼神游离，被客户提出的问题弄得手足无措。幸好小丁及时救场，才避免出现损失。

没过多久，小丁手下的小王又因为粗心大意弄错合同条款，让客户大发雷霆。也是多亏小丁出面，才把这件事摆平。

诸如此类的事情还有很多，小丁发现自己似乎成了团队的"救火队员"。无论是准备方案，还是处理客户投诉，似乎只要一有问题，他就是第一个冲上去的人。这让小丁越发感到疲惫，每晚加班到深夜，处理本应由下属应对的事务。

更让小丁沮丧的是，渐渐地，团队成员遇到困难时，第一时间想到的都是让他这个领导去"救场"，而不是主动寻求解决方案。每当他回到办公室，看到他们坐在那里等着他的指示，心中都不免有些失落。小丁意识到，自己不是在管理一个团队，而是在经营一个"依赖我的机制"。小丁越是忙碌，团队的独立性和主动性就越差。

小丁的问题，其实很多人进入管理阶层时都遇到过。说到底，其实就是角色转换没有做好，导致思维未能转过弯来。升职之前，你是团队里的"业务骨干"，凭借过硬的能力，能处理好一切问题，顺利地从客户手里拿下订单。但升职之后，你就要从"干将"转变为"领袖"，不再是单枪匹马的战士，而是需要成为战略性的指挥官，统筹全局。这不仅是身份职位的转变，更是思维方式的重塑。你必须意识到，过去的成功经验并不完全适用于新的角色。

那么，到底要怎么做，才能顺利完成从单打独斗到统筹全局的转变，顺利驶入中层管理者的"快车道"呢？我总结了以下几个关键措施，将其分享给小丁，同时也分享给所有正在奋斗的打工人。

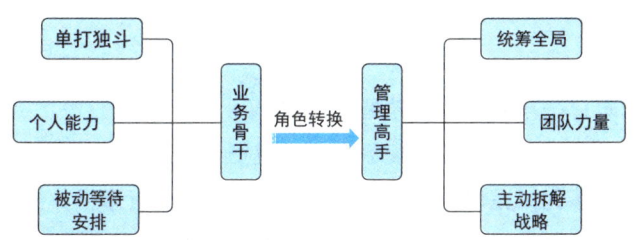

♥ **关键一：转变工作重心，重新安排日程。**

升职后，你需要重新审视自己的工作重心，专注于团队和组织目标的实现。作为一名团队负责人，你的主要职能是做好团队的领头人，了解每个成员的工作进展和面临的挑战，确保团队目标与公司战略保持一致，并尽可能地为团队争取到公司更多的资源和支持。至于与外部客户的对接工作，则应该是下属的任务，你只需与其保持一定的联系频率，确保在关键的谈判中出现。

♥ **关键二：将发展重心从提高个人能力转移到培养和提拔下属上来。**

作为一名中层管理者，你的成功不再取决于你能做什么，而是你的团队能做什么。所以，在角色转换之后，你需要把发展重心从提高个人能力转移到培养和提拔下属上来，为下属制订培训计划，明确其职业发展路径，并提供必要的资源和支持。通过定期反馈和辅导，你要帮助团队成员发现自己的优缺点，并在实际工作中进行改进。此外，你还需关注团队的多样性，合理分配任务，发挥每个成员的特长，以此提升整体业绩。最终目标是让下属能够独立处理复杂任务，获得更大的业绩。

♥ **关键三：从被动等待任务安排转变为主动拆解公司战略，驱动结果实现。**

作为中层管理者，你需要具备主动思考的能力，理解公司的整体战略目标，并将这些目标细化为具体的行动计划。你要学会拆解战略，明确每个目标背后的关键结果，识别实现这些目标所需的资源和支持。同时，通过与高层沟通，主动反馈进展和挑战，确保公司战略能够落地。

课后总结

1. 升职只是开始，管理才是挑战。
2. 成功的管理者，不仅要会做事，更要会带人。
3. 亲力亲为，是领导的束缚；统筹全局，才是王道。
4. 管理者不但要会做事，还要会做势。

化解"空降"危机：
"软着陆"秘籍，让团队服从安排

带着问题学管理

1. 职场"空降"，你凭什么让团队心服口服？
2. "空降兵"如何通过实干而非权威，赢得团队的认可？
3. 如何避免在取得初步信任后，团队将你视作"昙花一现"？

"空降"到新的团队，谁都想着能风风光光地接手，迎接一片鲜花和掌声。但现实是，等着你的通常是冷漠的眼神、背后的窃窃私语，还有让人不太舒服的沉默。这一点我深有体会。

三年前，总公司派我接手一个销售团队。这个团队业绩不错，但内部关系错综复杂，堪称一部"宫斗剧"。刚"空降"那天，会议室里气氛冷得让人打哆嗦。员工们都低着头，眼神躲闪，明显对我这个"外来者"充满戒备心，就好像我的到来搅乱了他们岌岌可危的平衡。

我满怀信心地召开了第一次会议，想着亮出点儿我过往的辉煌业绩，让大家见识一下。结果，会议室里像是空气凝固一般，一片死寂。我心里一下就明白了：这些人不买账。我那个"空降兵"的光环不仅没有派上用场，还引来了几句窃窃私语。事实很清楚：不管我的履历多么光鲜，这个团队对我充满质疑和

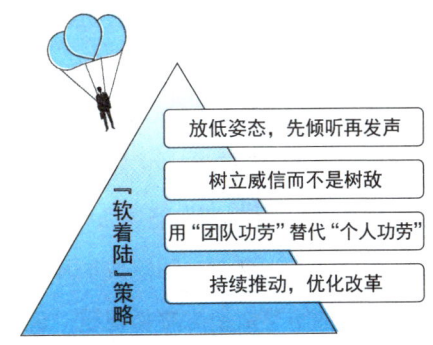

"软着陆"策略：
- 放低姿态，先倾听再发声
- 树立威信而不是树敌
- 用"团队功劳"替代"个人功劳"
- 持续推动，优化改革

防备，没有人会马上对我"心悦诚服"。

那么，该怎么办呢？是强势介入、硬碰硬吗？恐怕只会火上浇油。于是，我选择了"软着陆"，打算一步步走进他们的心里，而不是急着用权威压人。最终，这个策略帮助我顺利融入团队。

♥ **第一步：放低姿态，先聆听再发声。**

当你初来乍到，特别是"空降"到一个陌生的团队时，最忌讳的就是急于表现。对于团队成员来说，他们最怕的就是新来的领导"指手画脚"，没有人喜欢那种还没有搞清楚状况就开始颐指气使的"新官"。

所以，我的第一步就是闭嘴聆听，而不是马上发号施令。刚开始的几天，我什么大动作都没有，只是安排了几次一对一的谈话，了解每个成员对团队现状的看法。老员工小李是个直性子，他直接对我说："我们部门的问题不是业绩，而是管理层之间的斗争太多了。谁也不愿多做，就怕别人摘了自己的'果子'！"

这时候，我没有反驳，也没有急着表达自己的看法，而是听他们说。这几次谈话让我迅速摸清了团队内部的矛盾，也清楚了他们的顾虑：他们怕我来"搅局"。我很清楚，要让这个团队接纳我，必须赢得他们的信任，而不是靠头衔压人。

♥ **第二步：树立威信而不是树敌。**

接下来就该慢慢展示你的实力了。作为"空降"的管理者，光有信任不够，你还需要"威信"。这个威信必须是用实干树立的，而不是靠头衔。想让人心服口服，不是靠空谈，而是得让他们看到你的实际能力。

当时，团队里有个大项目进展缓慢，所有人都很焦虑。我没有立马跳进去指手画脚，而是先让他们继续按照自己的方式推进，同时背后观察项目进展。几天后，我发现问题出在跨部门沟通上。于是，我主动联系相关部门，协调资源，打通了"关节"。项目很快就有了进展，最终如期交付，团队士气大振。小李在会上感慨地说："没想到你能这么快搞定这些事，看来我们之前真的是低估你了。"

通过这次小胜利，团队成员开始认可我的能力。这正是我想要的效果——通过实干，而不是头衔来赢得尊重、树立威信。

♥ **第三步：用"团队功劳"替代"个人功劳"。**

赢得团队信任的关键，不是靠你能独揽多少功劳，而是看你能给团队带来多少机会。你要让他们明白，你不是来抢他们功劳的，而是要带领他们实现更高的目标。

项目完成后，我没有在团队会上强调自己的功劳，而是把荣誉归功于团队。我在会上说："这个项目能顺利完成，是大家通力合作的结果，我只是起到一个协调的作用，所有的努力都来自你们每个人。"

这番话让团队瞬间松了一口气，气氛明显融洽了许多。小李甚至跑来和我说："之前担心你会像其他领导那样，光顾着自己升职，没想到你会这样为我们提供机会。"

通过这种方式，我不仅让大家感受到他们在团队中的价值，也让他们愿意继续跟我合作。人心凝聚，靠的就是真诚。

♥ **第四步：持续推动，优化改革。**

建立初步的信任固然重要，但不能在初期的小胜利上就沾沾自喜。"空降"管理者需要保持持续的推动力，让团队意识到你不是昙花一现，而是长期带领他们前进的领袖。

稳住团队之后，我没有马上追求短期业绩，而是继续推动团队优化流程，重新梳理目标方向。通过进一步的沟通，我让团队明白，我们不仅要做好当前的项目，还要为未来的长期发展打好基础。慢慢地，团队不再把我当作"空降兵"，而是当作可以信赖的领导者。

课后总结

1. 带着诚意落地，比带着权威更有用。
2. "空降"只怕缺信任，不怕缺经验。
3. 赢得人心，才能赢得战局。
4. 命令能让人执行，共情才能让人追随。

心理契约的力量：
打造"自驱型团队"

带着问题学管理

1. 员工"摸鱼"，是态度问题还是管理问题？

2. 你是否真的了解每个员工的需求，还是只盯着 KPI？

3. 你信任下属吗？敢放手让他们做决策吗？

带过几支团队后，你会发现，员工之间的差异实在太大了。有的员工让你省心，他们主动积极，简直像自带马达，项目推进得比你的预期还快，甚至时不时还能给你带来一些让你惊喜的方案。这样的员工，自然是领导的"心头好"。但也有另一种员工，他们有能力，但就是做事拖拖拉拉，推一下动一下，每个任务都得你"盯梢"，一不留神就"磨洋工"，让你头疼不已。

问题来了，为什么同一个团队里，员工之间的动力差距这么大？是性格问题吗？部分员工确实是，但更重要的还是心理契约的建立问题。

"心理契约"这个概念是由管理学家丹尼斯·卢梭提出的，指的是雇主和雇员之间未成文的一种相互期待和预期。简单来说，当一个员工加入公司时，他心里会有个算盘：我该为公司付出多少？能得到什么回报？这就是我们说的心理预期。这个预期得到满足的时候，员工自然会主动工作；如果得不到满足，他可能就会"摸鱼"，甚至离开。

我带过一个叫小赵的员工，简历漂亮，经验也丰富。听起来很靠谱吧？可惜现实不如想象。小赵的工作状态只能用一个词来形容：悠闲。每天上下班打卡，他非常准时，但工作起来却像老牛拉破车，不管做什么都慢条斯理，质量也总是

"差点火候"。这种工作态度,委实让人气不打一处来。于是,我决定和他来一场"深度对话"。

这次谈话,我换了个套路,没有像往常一样跟他谈绩效,而是问了一句:"小赵,你觉得现在的工作对你来说意味着什么?"他愣了愣,显然没有想到我会问这么"哲学"的问题。过了一会儿,他笑了笑,淡淡地说:"无非就是谋生嘛。"

一句话点醒了我。在小赵心里,工作不过是个糊口的工具罢了。他没有把自己和团队真正联系起来,没有感受到归属感。这就是心理契约缺失的典型。他没有在团队中找到自己的价值和意义,觉得工作只是普通的营生,自然不会有主动性。

接下来的时间里,我带着小赵一起梳理项目的目标,明确他的角色和责任。我告诉他,他的工作对整个团队有什么样的价值和贡献,对整个项目的流程有多大影响。小赵有点震惊,似乎从没有想过原来自己在整个团队里这么关键。之后,他的态度开始慢慢变了,主动性明显提高。

这件事让我意识到,想要打造一支"自驱型团队",最有效的方式就是和团队成员建立有效的心理契约。于是,我做了以下几件事。

心理契约
1. 深入了解员工需求。
2. 让员工看到自己的价值和重要性。
3. 信任和授权。

甲方:
乙方:

♥ **第一件事:深入了解员工需求。**

要建立心理契约,你就得清楚员工需要什么,想要什么。有的管理者只顾着盯 KPI,但你得知道,员工不是机器人,他们有各自的需求和期望。如果你不花时间了解他们的需求,永远不知道他们的动力在哪儿。

于是,我不再每天盯着 KPI 和报表,而是抽出时间,和每个团队成员一对一聊天。不是那种例行公事式的谈话,而是真正想了解他们的想法。比如,问问他们对工作有什么看法,对未来的职业规划有什么目标,或者有什么特别的期望。很多时候,员工不说并不代表他们没有需求,你得主动去挖掘。

♥ 第二件事：让员工看到自己的价值和重要性。

心理契约的一个重要内容是让员工感到自己在团队中的价值。你不能只给他们下达命令，然后等着结果，得让他们明白为什么做这件事，以及他们的工作对整个大局的影响。

以前我经常这样布置任务："小王，供应链环节要降低2个点的损耗。""小张，线上销售额占比要提升到60%。"这种指令下得简单、干脆，但问题是，员工听完只会想："嗯，好吧，领导交代了任务，那就照办。"他们没有觉得自己是主动参与者，更不会觉得自己和任务之间有任何特别的联系。

和小赵谈话之后，我意识到，员工需要看到他们工作的意义和价值。于是，我开始改变沟通方式。每次布置任务，我都会花点时间解释这件事为什么重要，它和团队目标、公司大局之间的关系。当员工意识到自己是整体的一部分时，归属感和责任感自然就提高了，会觉得自己不仅仅是在完成某个任务，而是在为一个更大的目标努力。

♥ 第三件事：信任和授权。

心理契约的另一个核心要素是信任，而授权是传递信任最有效的方式。很多管理者对授权有些犹豫，总是担心员工做不好。但事实是，当你给了他们足够的信任和自主权，他们会努力证明自己配得上这份信任。

所以，安排工作时，我会给每个成员适度的自主权，允许他们在负责的领域做出决策。事实证明，这样做不仅能够激发他们的工作潜力，还能增强他们的责任感，促使他们更加努力地完成工作。

课后总结

1. 没有心理契约，团队就是空壳；一旦达成，个个都是猛虎。
2. 不是奖惩在驱动人心，而是共识在点燃激情。
3. 让团队为信念奋斗，而不是为任务奔波。
4. 一支被点燃的自驱型团队，才是真正无法阻挡的力量。

团队打造：
让团队高效运转的秘密武器

带着问题学管理 ··

1. 你设定的目标，能让团队"跑起来"，还是把他们逼得"躺平"？

2. 管理工作究竟该不该"一碗水端平"？

3. 员工状态不佳时，你是选择盯着任务，还是先关心他们的情绪？

如果你觉得团队管理不过是分配任务、盯着结果，那说明你还在管理的"初级班"。

团队管理其实是一门艺术，或者说，是一场持久的心理战。你既要懂得如何"利用人"，还得明白什么时候应该"释放人"。想要团队像跑车一样高速运转，关键在两招——"以事为本"管人和"以人为本"管事。

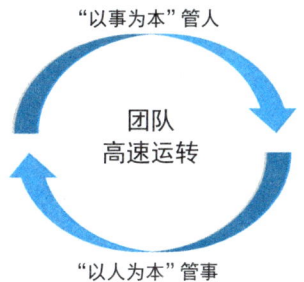

♥ **"以事为本"管人。**

在管理界有这么一句话："有目标的团队叫团队，没目标的只能叫团伙。"这句话乍一听简单，背后蕴含的深意可不只于此。设定目标是一门技术活儿，设得太高，团队无人追得上，成了"望山跑死马"；设得太低，团队效率立马降低。

这个道理放在人身上也是一样的。很多时候，你觉得手下干不了活儿，未必就是因为他们能力"不行"，或是态度有问题，很可能是目标设定得不清楚，没有人知道到底该往哪个方向跑。所以，在管理团队的时候，无论做什么项目，目标设定一定要做好，而且要细化到每个人头上。

几年前，我们团队在销售一款新产品的时候，刚开始因为目标模糊不清，团队成员的工作热情就像过期汽水，泡沫一冒即无。怎么办呢？简单，我坐下来，把销售目标分解到每个人头上。能力强的去攻破难度大的客户，刚入职的新人去开发潜力客户。

有的人听到这里可能会有想法了：这样分配工作合理吗？会不会有些不公平？

注意，"一碗水端平"这个词和管理是完全不搭边的。一个合格的管理者在分派任务的时候，必然是尽可能让"能干活儿的"去干关键任务，至于那些表现一般的，也别让他们闲着，但绝不能让他们挡住关键任务的车轮。记住，这才是管理的精髓：会用人。

试想，在一个团队里，不同员工的工作能力本来就是有强有弱的，分配工作的时候，如果不考虑员工的个人能力，一股脑儿地把工作任务平分给每个人，结果必然是能力强的人早早完成任务没事干，能力弱的人不仅迟迟完不成任务，还要承受巨大的心理压力，整个团队的效率都上不去。所以说，只有把任务交给合适的人去做，团队才能顺风顺水，高效运转。

♥ **"以人为本"管事。**

说完"事"，我们再来说"人"。管理不是一项"机械工程"，它更像是一场心理战。你不仅要盯着目标，还得看着每个人的"心情晴雨表"。为什么呢？人心一凉，绩效就跟着凉。

举个例子。当时我们团队里有个员工小张，技术能力很强，堪称技术部的"定海神针"，但突然有一天，他的工作状态急转直下，项目一拖再拖。我当时就觉得，问题肯定出在"人"上。果然，一谈心，小张说他最近觉得自己像个"打杂工",没有成就感。

怎么办呢?骂一顿?让他自动离职?都不是聪明的做法。我立刻着手调整他的任务,给他安排了一个更具挑战性的项目,还告诉他:"这个项目完成后,年终奖加倍。"小张立马"满血复活",工作效率重回巅峰。

说到底,员工不是"任务机器",你得让他们觉得自己有价值,找到成就感。一个人如果觉得自己一直在干无聊的事,效率怎么可能高?有时候,调整一下任务分配,为他们创造一个更大的舞台,或许就能得到意想不到的惊喜。

♥ 双料齐下,让团队高效运转。

团队管理从来不是依靠"人情味"和树立"目标",而是追求一个平衡。想要团队高效运转,你得双料齐下,学会将这两招结合在一起:"以事为本"管人,让团队有明确的方向和目标,将每个成员的价值发挥到最大;"以人为本"管事,让每个成员都能在工作中找到自我价值与归属感。

记住,团队的成功离不开每个人的努力,管理者的任务就是让每个声音都被听见,每份力量都能发挥作用,每个努力都得到应有的回报。

课后总结

1. 只有同频共振,才能让团队不散、不乱。
2. 没有目标的团队,再拼命也是原地打转。
3. 想靠鞭子驱动团队?那只会越逼越散。
4. 让每个成员成为齿轮,团队才能高速运转。

凝聚力：
如何让团队"拧成一股绳"，指哪儿打哪儿

带着问题学管理

1. 团队缺乏凝聚力，是管理失职还是员工有问题？
2. 团队效率低，是员工无能，还是你放任小圈子搞事？
3. 团队矛盾激化，谁的责任最大？

一滴水，只有放进大海里才永远不会干涸。对于管理者来说，团队就是这片大海，你需要做的，是让每个人都找到自己的位置，并愿意为这个团队付出。这件事说起来简单，但做起来，还想做得好，可不是拍几下桌子、定几个 KPI 就能解决的。

有一段时间，公司承接了一个大项目，从各个部门抽调出一批精英组建了一支新团队。我刚接手这支团队的时候，真是被各种矛盾弄得头疼不已。团队里的小王，能力强，干劲足，可是心气儿也挺高，老觉得自己干得最多、拿得最少，抱怨声不断。小李简历漂亮，资历老，但一干活儿就吊儿郎当，拖拖拉拉。更麻烦的是，两人背后都有自己的"小圈子"，搞得整个团队一团乱麻，效率低得让我怀疑人生。

事情的爆发点是在一次例会上。小王忍不住直接发作："领导，您看，我这几个月的业绩是最高的吧？可分奖金时，我跟别人拿得差不多，真是没天理！"话音刚落，小李立刻跳出来："你业绩好？凭什么说你干得多？我在公司这么多年，业绩突出，凭什么不能拿一样的奖金？"

两个人你一言我一语，直接吵了起来，搞得整个会议室气氛都紧张起来。这

时候，我才终于意识到，这支新团队的主要问题根本不是业绩，而是缺乏凝聚力。大家不是为了共同目标在拼，而是为了自己的得失在算计。

发现问题后，我开始认真琢磨，到底怎么样才能把这支散乱的队伍变成真正的"联合部队"，让他们"拧成一股绳"，指哪儿打哪儿呢？

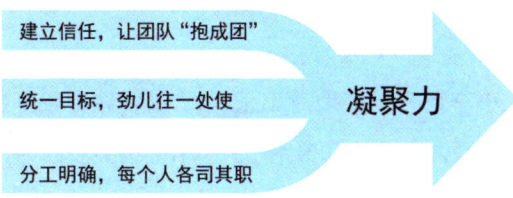

♥ 建立信任，让团队"抱成团"。

信任是团队凝聚的基础。没有信任，团队就会像松散的沙子，成员各自为战，搞小圈子，整体工作气氛自然好不起来。

想要打破这种局面，让团队拥有凝聚力，我需要做的第一件事，是让团队成员能够感受到我的关注和支持，给他们足够的安全感，让他们放下心中的戒备，愿意敞开心扉，真正信任这支团队，产生归属感。

所以，当时在会议上，我没有当场指责小王和小李，而是选择私下找他们逐个聊聊。我先找了小王，对他说："我知道你努力了，团队业绩离不开你。但光靠你一个人，能干完所有事儿吗？愿不愿意和团队其他人分享你的经验，让大家一起进步？"小王听了以后，有些犹豫，但最终还是点了点头。

我又去找小李，对他说："你在公司这么多年，大家都尊重你。如果你能带带新人，把你的经验传授出去，整个团队都会受益，这对你和团队来说都是好事。"小李沉默了一会儿，最后也点了点头。

通过这样的私下沟通，我和小王、小李建立起基本的信任。这是凝聚力的第一步：让大家相信你是站在他们这一边的。

♥ 统一目标，劲儿才能往一处使。

要让团队朝着一个方向走，劲儿往一处使，就必须统一目标，否则每个人都有自己的"小九九",这支团队永远别想拧成一股绳。

所以,每次做项目之前,我都会召开一次团队会议,把公司给我们设定的季度目标摊开来说清楚,然后鼓励大家自由讨论。小王提出了开拓新市场的看法,小李则分享了自己在维护老客户方面的心得。这一讨论,团队不仅统一了目标,任务分配也逐渐清晰。每个人都知道自己该干什么,如何协同合作,不再是各自为战。

一次开完会,小李还开玩笑地对小王说:"以后你带我开拓新市场,我带你见老客户,咱俩强强联合,还怕订单跑了?"小王也笑着回话:"没问题,只要你不嫌我话多。"

♥ **分工明确,让每个人都找到自己的位置。**

团队的凝聚力不仅要靠信任和共同目标维系,还要有合理的分工和资源配置。每个人的特长和弱项不一样,让他们都在自己擅长的领域发光发热,才能事半功倍;如果让他们去做自己不擅长的事,结果只会是大家都被折腾得灰头土脸。

那次会议后,我开始重新调整团队分工。小王擅长挖掘新客户,我就把更多市场开发的任务交给他。小李经验丰富,善于维护老客户关系,我就让他负责大客户的跟进。这样一来,两个人各司其职,效率大大提升,整个团队的工作节奏也有了明显提高,效率一下子提升不少。

团队管理其实跟带兵打仗没有什么不同,只有每个人都能找到自己的位置,并愿意为完成团队目标付出努力,才能真正做到"指哪儿打哪儿"。

课后总结

1. 没有凝聚力的团队只是乌合之众,拉不动、推不走。
2. 人心齐,泰山移;人心散,寸步难行。
3. 拧成一股绳,才能在关键时刻一击制胜。
4. 凝聚力决定战斗力,拢不了人心就赢不了局。

新人融入：
如何尽快融入团队

带着问题学管理 ······················

1. 新人融不进来，问题究竟出在谁身上？
2. 在新人加入后，你是否给他安排了导师或搭档进行指导？
3. 你是否定期关注新人的适应情况，并给予反馈？

新成员加入团队的时候，一开始大家可能满怀期待，希望这位新人的到来能为团队注入新的活力，带来亮眼的业绩。结果几个月过去了，新人还在摸索状态，看不到业绩的影子。团队效率被拖得越来越低，你也开始皱眉头：到底是新人不行，还是管理方式出了问题？

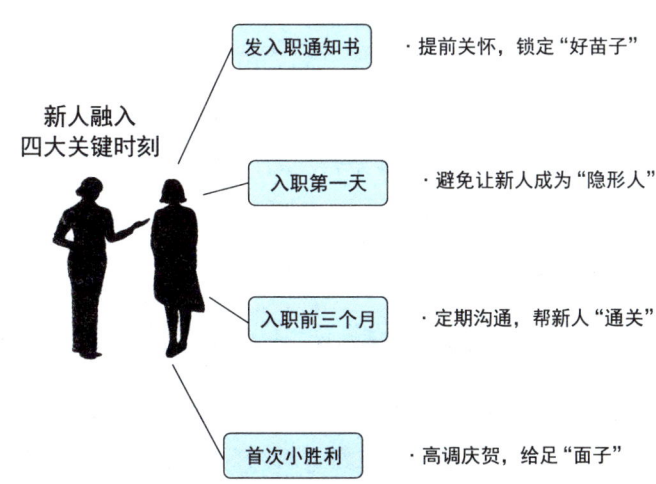

新人融入四大关键时刻：
- 发入职通知书 · 提前关怀，锁定"好苗子"
- 入职第一天 · 避免让新人成为"隐形人"
- 入职前三个月 · 定期沟通，帮新人"通关"
- 首次小胜利 · 高调庆贺，给足"面子"

其实，这种新人融入难的问题在很多团队里都是常态。哪怕你找来一个能力超强的"高手"，如果没有良好的融入机制和指引，他也一样会"水土不服"，折腾不出大浪花。特别是在一个已有成熟运作模式的团队里，新人要融入其中并不容易，甚至会感觉自己像个"外来户"，无法找到团队的"节奏"。

这种情况下，作为管理者，你就必须担负起"引路人"的职责，帮助新人快速进入状态，融入团队，为团队贡献力量。

根据多年的实践经验，我总结出四个关键时刻。只要抓住这四个节点，就能有效引领新人融入团队，做出成绩。

♥ **关键时刻一：发入职通知书时——提前关怀，锁定"好苗子"。**

发现一棵"好苗子"，发出入职通知书——注意，这不是结束，而是刚刚拉开战斗的帷幕！

人才无论什么时候，都是稀缺资源。你以为自己"火眼金睛"，但别人眼神也未必就差。当你锁定"好苗子"的时候，你的竞争对手也没有闲着，稍不留神，你的"好苗子"可能就被"截胡"，到时候你哭都来不及。

所以，在发入职通知书的时候，我通常会给新人安排好一个"联络人"。这位联络人最好和新人年纪相仿、经历相似，而且是公司里正能量满满、业绩好、口碑佳的员工。这样一来，新人一旦碰到什么问题或纠结，都能找到人倾诉和询问，两个人还能聊点轻松的话题，如公司附近哪家餐馆好吃，哪个老板最难伺候。几轮下来，新人的"陌生感"就开始消退了。

更重要的是，如果新人还在犹豫是否加入，联络人也能第一时间帮我稳住阵脚，护航"好苗子"。所以，提前关怀是非常重要的，别等到新人入职的第一天才想起"融入"这件事。

♥ **关键时刻二：入职第一天——避免让新人成为"隐形人"。**

有些公司对待第一天入职的新员工，态度非常轻慢："哦，新人来了？领台电脑，坐那儿自己干吧。"这仿佛是在告诉新人："你存在与否，对公司毫无影响。"这种草率的安排，只会让新人瞬间觉得自己来错了地方。

对很多新人来说，换工作可是件"人生大事"。作为领导，你得在这个重要时刻，给人家一点"仪式感"。

在我的团队里，每个新人入职的第一天，我都会亲自把他带到团队里，先让他做一个自我介绍，然后我再站出来帮着补充几句，告诉大家："这人是我亲自挑的，能文能武，堪称'三好新人'。"

之后，我会安排一场和新人一对一的谈话，时间不会太长，十几分钟，主要就是表达一下对他的欢迎和鼓励，让新人感到"领导对我有期待"，从而在心理上产生归属感和责任感。

♥ **关键时刻三：入职前三个月——定期沟通，帮新人"通关"。**

很多新人在前几个月摸不着头脑，往往是因为没有人指引，不知道该怎么快速适应。你不能指望人家自己"悟道"，该扶一把时就得扶。这时候，安排一个"导师"或者"搭档"是不错的选择，也可以继续让之前的联络人担任这项任务，毕竟他们已经建立了基本的信任。

之前，我在团队中就推行过一个"新人三个月融入计划"。在新员工入职的前三个月里，导师每周都会和他们沟通一次，聊聊进展，解答疑惑，还会一起制定切实可行的成长目标。这不仅能帮助新人减轻职场焦虑，还能让他们明确自己的定位，逐步从"局外人"转变为真正的团队成员。

♥ **关键时刻四：第一次小胜利——高调庆贺，给足"面子"。**

对于新员工来说，初期工作中的成就感非常重要。短期内取得一定的成绩，能够极大地提升他们的信心和动力。因此，管理者可以为新人设定一些切实可行的短期目标，并在他们完成这些目标后给予及时的肯定和反馈。

在新人完成一个短期目标后，可以搞个小型庆功会，让他站在团队成员面前分享成功经验，让大家知道："你们的新同事已经开始发光了。"这不仅能增强新人的自信心，还能让整个团队为之振奋。

新人需要这种"存在感"，你得帮着制造。一旦他觉得自己"站稳脚跟"，未来的业绩也就指日可待了。

课后总结

1. 新人只有找到归属感,才能产生爆发力。
2. 新人无法融入,才华只会被埋没。
3. 让新人感受到被接纳,才能尽快冲锋陷阵。
4. 接纳新人,是点燃业绩的第一步;拒新人于门外,就是在拒绝新人和团队共同成长。

第二章

下属激励与"谈话艺术":
沟通有道,激励有方

士气低迷：
刚上任该如何鼓舞士气

带着问题学管理

1. 你是否能迅速识别导致士气低迷的具体原因？

2. 在上任初期，你是否与团队进行深入沟通，了解他们的需求？

3. 你是否愿意制定明确的目标和激励措施，以提升团队士气？

不用说，坐上中层管理的"宝座"后，你想做的第一件事，不是和老板谈工作计划，就是准备招兵买马。这不难理解，作为打工人，谁不想在管理岗位上尽快做出好的业绩呢？

不过，我还是要啰唆一句：别着急，先搞定士气再说！

士气这东西，看着有点儿虚，实际上太重要了。抗战剧《亮剑》里的独立团团长李云龙，虽然是个大老粗，但带起团队来很有一套。他的部队就像一堆干柴，平时不起眼，但到了打仗的关键时刻，他两三句话就能让干柴熊熊燃烧起来，在战场上形成势不可当之势。为什么呢？就是因为他很会鼓舞士气。

我刚晋升为团队负责人时，也是铆足了劲往前冲，但仅仅一周就颓丧地发现，低迷的士气压得人喘不过气来。

第一天，大家开会时无精打采，没有人主动发言，即使我设法激励他们，但还是感觉像在和空气说话；第三天，两个核心老员工向我提出离职，有三个同事想转岗；一周后，第四个同事提出转岗请求。内部不稳定，导致项目进度一拖再拖，我开始严重怀疑自己的能力。

你可能会说：这怕什么？大不了再换一批新员工。

我当时也有过这种想法，后来才发现自己又错了。刚刚晋升，你凭什么让上级在短时间内信任你？没有上级的支持，你凭什么大张旗鼓地招兵买马？就算能招来人，带着一群"生手"，你觉得真的能靠他们快速做出业绩？

所以，不能脱离现在的团队。你要做的第一件事，就是想方设法提高他们的士气，让他们真正为你所用。这个过程，是每位管理者必须经历的。

浇花浇根，治病找因。要想解决团队士气问题，你要先弄清楚"病因"。后来，我多次与下属谈心，慢慢找到了团队士气低落的原因。其实，无外乎三点。一是我能适应新领导的工作风格吗？二是我以前的业绩还算数吗？三是跟着这个领导，我的职业发展还有前途吗？

这其实不难理解。一朝天子一朝臣，领导更换，面对不熟悉的人、不确定的事，下属自然会为自己多考虑一些。这个时候，他们就像惊弓之鸟，一点风吹草动就会生出无限遐想。你但凡有一点没有做好，也会让他们对你产生怀疑。

找到病因，就可以"对症下药"了。凭着多年的管理经验，我总结出三条"鼓舞士气"的方法，下面分享给大家。

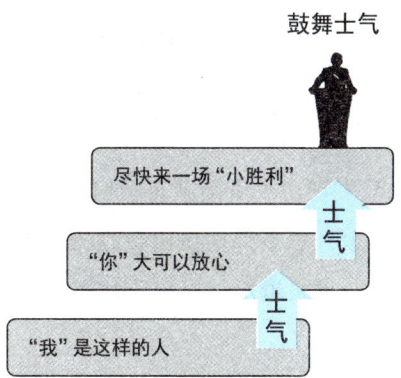

♥ **经验一："我"是这样的人。**

这条经验用来解决下属对管理者的不确定性问题。他们不是不了解你吗？不是不知道自己能不能适应你的工作风格吗？你可以主动告诉他们。

方法很简单，就是卖力地推销自己。你可以从个人和工作两个方面，尽情地展示。个人方面，你可以介绍一下自己的生活和爱好。不过要记得，介绍时不能高高在上，否则会适得其反。工作方面，你要介绍自己在职业上最成功的亮点。这个时候，不能太过谦虚，你得用自己的"强大"折服他们，让他们觉得你做领导是有真本事的。

♥ 经验二："你"大可以放心。

你来了，下属会担心——我以前的业绩还算不算数，以前的失误会不会被追责。这些忐忑心理，往往会导致士气低落。要解决这个问题，你只需给他们一个肯定的答案，让他们放心。

你可以通过一对一的谈话，记录下属的需求。这个过程花不了很多时间，但却向他们释放出一个信号：你愿意聆听他们的声音。还有什么比这能更快建立起彼此的信任关系的呢？

♥ 经验三：尽快来一场"小胜利"。

说一千，道一万，结果最重要。下属担心自己的职业发展前途，你就用真正的胜利来稳住他们躁动的心。你刚上任，设定宏大的目标不切实际，但是从"小胜利"切入，还是可以的。

我刚带团队时，团队正在处理一个长期积压的项目，进展缓慢，大家都显得非常沮丧。我一看这样下去不行，团队会崩溃，于是赶紧改变方向，暂停大动作，从几个简单的任务入手。

几场"小胜利"后，我发现，大家渐渐有了信心。而且，每次"小胜利"后，我都会和大家一起庆祝，公开表扬那些做出贡献的员工，鼓励那些进步显著的员工。就这样，大家的信心越来越足，对和我共同奋斗，也越来越期待。

课后总结

1. 士气低迷时，再好的战略也是空谈。
2. 没有被点燃的士气，哪来的破釜沉舟？
3. 失去士气的团队，只剩下一副空壳。
4. 激活士气，让平凡人也能创造奇迹。

与下属谈心：
明确 5 个问题

带着问题学管理

1. 为什么下属明明有能力，却表现平平？

2. 与下属谈心，为什么"提问"更有力量？

3. 你是否能够通过反思性问题，引导下属思考自己面临的挑战？

成为中层管理者后，你自然希望下属个个优秀，全都能在工作中有出色的表现。因为他们的业绩是整个团队的业绩，也是你的成绩。

然而，很多时候，总是事与愿违。

你在前面全力以赴，下属在后面却表现平平，甚至可能会拖后腿，阻碍了团队前进的脚步。这个时候，你是生气，还是焦虑？我要告诉你，你必须收起负面情绪，先解决问题。

下属表现不好，无外乎两个原因。

一种是能力不足，实在做不好，这类员工可以及早淘汰。另一种是能力没问题，而是情绪、心态出现了问题。这类员工比第一种更糟糕，能力弱者淘汰就行，但是下属不在状态，就算他的能力再强，也很难起到作用。

这个时候，就需要你介入了。怎么做呢？

你要化身"心理辅导师"，疏导下属的心理。简单来说，就是找下属"谈心"。不用担心，这不需要你具备专业的心理学知识，只要掌握一些简单的"谈心"技巧就可以了。

虽然只是一些简单的沟通技巧，但做得好与不好，差别真的很大。

在沟通过程中，提出问题，让下属自己找到答案，永远比告诉他怎么做管用得多。我总结出 5 个提问式沟通的问题，连起来可以形成一个闭环，效果很好。

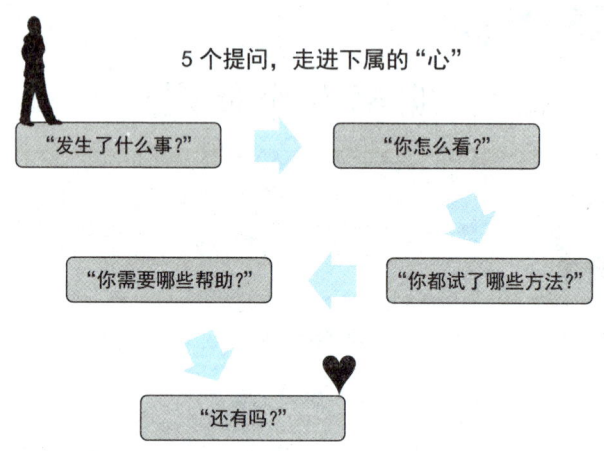

♥ 第一个问题：发生了什么事？

与下属谈话时，最忌讳的就是绕圈子，尤其当你意识到问题的存在时。直接提问，不仅能让你快速了解事情的起因、经过，还能有效安抚下属的心情。当然，接收信息时，你要特别注意确认信息的真实性和准确性。

♥ 第二个问题：你怎么看？

弄清楚发生了什么事后，你不能武断地给出解决方案，或向下属提出建议。如果忽略聆听下属的想法，你可能会让沟通偏离原来的轨道，因为下属对自己面临的问题最有发言权，感受更为直观。

"你怎么看"这个问题，可以引导下属分享他们的理解和困惑，让你更全面地看到问题。当然，这个提问在引导下属思考的同时，也让他们获得了被尊重的感觉。

♥ 第三个问题：你都试了哪些方法？

当下属已经努力解决问题时，你需要了解他们采取了哪些措施，哪些是有效的，哪些是无效的。通过提出"你都试了哪些方法"这个问题，你不仅能够掌控他们的动向，还能帮助他们梳理思路，找到更好的解决途径。

♥ **第四个问题：你需要哪些帮助？**

作为管理者，你的任务不仅是发现问题、解决问题和做出决策，还要为下属提供支持。很多时候，下属可能已经意识到了问题，但他们不知道如何寻求帮助，或者不敢直接开口。

"你需要哪些帮助"这个提问，能消除他们的顾虑，鼓励他们主动表达需求，从而更顺利地解决他们遇到的问题。当然，这也会让他们更信任你。

♥ **第五个问题：还有吗？**

在谈话的最后，你别急着结束，试着问一句"还有吗"。很多时候，下属在最初对话中可能有所保留，但当你给予他们更多的空间、足够的信任时，他们往往愿意分享更多隐藏的问题或想法。

掌握了这五个提问式沟通的方法，你不仅能与下属进行更深入的交流，还能在关键时刻为他们提供真正的帮助，让每一次"谈心"都有意义且富有成效。

课后总结

1. 不会问问题的领导，只会得到敷衍和沉默。
2. 问不到心坎上，谈心就成了摆设。
3. 真正的提问能撬开人心，虚假的关怀只会让人设防。
4. 谈心不是表演，提问不到位，只会换来冷漠和疏远。

"拿捏老油条"：
老员工该怎么管理

带着问题学管理 ···

1. 在与老员工沟通时，你是否能有效平衡尊重与指导？

2. 你是否定期评估老员工的表现，以发现潜在问题？

3. 你是否能够通过激励措施，激发老员工的积极性和创造力？

每个公司里，都有一些"老油条"员工。他们既不是业绩突出的明星员工，也不是没有能力的落后员工，而是介于两者之间——有一定的经验和能力，但喜欢混日子，偷懒，得过且过，没有过多追求，也不想改变。

这类员工常见的状态是"躺平"，也有部分人仗着自己有些"资历"，倚老卖老，甚至明里暗里和领导对着干。糟糕的是，因为对公司业务熟悉，且有自己的"套路"，他们往往很难缠，不会轻易被震慑，甚至还利用自己的经验，来应付上司提出的要求。

遇到这样的"老油条"员工，你该头疼了。

我当年遇到这样的员工时，也是头疼得厉害。那时候，我的团队里有几个"老油条"，他们在公司工作七八年了，业绩稳定，资历比我还要老。我接管团队后，他们对我的态度很不屑，有人甚至毫不避讳地说："我在这里干了这么多年，还用他教？"工作上，他们不听我的指挥，甚至连我拟定的规章制度，他们也要千方百计找到漏洞。似乎只有跟我对着干，才能显示出他们的能力。

那段时间，我感触最深的是："老油条"就像"毒瘤"，会给公司带来各种危害！

他们的积极性不高，严重影响工作绩效。同时，因为他们在公司工作时间比较长，有一些影响力，容易破坏企业文化。还有，如果他们暗中与你对抗，对团队管理也会造成不良影响。总之，这类员工就像鸡肋，弃之可惜，留之无味。

后来，经过一段时间的"对抗"，我忽然醒悟过来——

要想在团队中真正立足，就得拿捏"老油条"。管好他们，你不能仅依赖职务上的权威，而是要找到一种平衡，既不能被他们牵着鼻子走，又不能让他们产生反感。最重要的是，还得让他们心甘情愿为你所用。

通过四步，我仅用了几个月时间，就让他们从"老油条"变成自己的得力干将。

我是这样做的——

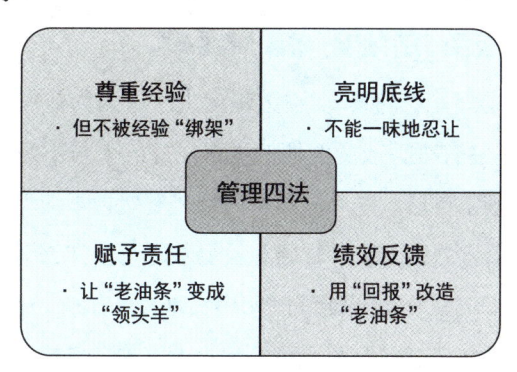

尊重经验 · 但不被经验"绑架"	**亮明底线** · 不能一味地忍让
赋予责任 · 让"老油条"变成"领头羊"	**绩效反馈** · 用"回报"改造"老油条"

（管理四法）

♥ **第一步：尊重经验，但不被经验"绑架"。**

"老油条"最自豪的是什么？是资历、经验。他们往往仗着这些，不服管理，甚至对抗新事物——"我以前就是这么干的"。这个时候，作为管理者，你要尊重他们的经验，但却不能因此被他们的"过去的成功"绑架，而是取精华、去糟粕，让经验变成真正可行的好东西。因此在沟通过程中，你既要表明自己的立场，又要对老员工的经验予以尊重，这样才能让对方愿意接受。

♥ **第二步：亮明底线，不能一味地忍让。**

有的人，你越是忍让后退，他越是得寸进尺。你尊重老员工的经验，但也要守住自己的底线，告诉他们自己的底线在哪里。他们如果越过，发起挑战，你就要敢于亮剑。慈不掌兵，情不立事。

我遇到过一个"刺儿头"员工，什么事都喜欢跟我对着干。一次、两次，我见告诫无果，果断用公司制度惩罚他。从那以后，他老实了很多，连带一些老员工也跟着安分起来。

♥ 第三步：赋予责任，让"老油条"变成"领头羊"。

只来硬的自然不行，还得用点"软"的。老员工的优势是他们的经验，但很多时候，经验也会变成他们不服管理的倚仗。既然如此，为什么不顺着他们，让他们也变成"管理者"呢？不用升职，只要赋予他们更多的责任就好了。当身上的责任大起来时，他们既能享受到被尊重的快感，又能充分发挥"特长"，自然不会"惹是生非"。相反，他们还会努力，让自己变成合格的"领头羊"。

♥ 第四步：绩效反馈，用"回报"改造"老油条"。

老员工之所以成为"老油条"，很大程度上，是因为他们认为公司对自己已经"习以为然"，不会有太大改变。他们觉得，好好干与不好好干，工资差别不大，管理者也奈何不了自己。既然这样，为什么要费力干活呢？

这时候，只靠语言激励，或者"硬"管显然不行。你需要建立一种透明的绩效反馈机制，让他们的工作成果能够明明白白地展示出来，比如周工作汇报等。这样他们就不能再躲在"经验"背后了，因为大家的工作成果是透明的，还会主动提高工作效率。

当然，如果他们的工作成绩优于其他员工，你也要予以一定的奖励。毕竟，利益才是激励最有力的手段。

课后总结

1. "老油条"难管，是因为你还没敢"下猛药"。
2. 对"老油条"手软，等于给团队树立了破坏规矩的"榜样"。
3. 老员工看的是领导的硬气，不是虚伪的客气。
4. 拿不下"老油条"，整个团队都会学着偷奸耍滑。

对症下药：
教你听懂下属的"弦外之音"

带着问题学管理

1. 沟通过程中，下属为什么不喜欢说"实话"？
2. 你是否能识别下属在表达中的隐含情感和真实需求？
3. 你是否愿意通过倾听和反馈来加深与下属的信任关系？

很多中层管理者，在工作中遇到过这样的"怪事"——每次会议上，你询问项目推进"有没有问题"时，下属总会齐刷刷地摇头，回答"没问题"。可当你满心期待，觉得一切会很顺利时，关键时刻却总是频出状况。

这是怎么回事？为什么大家都说"没问题"，实际情况却和预期的完全不一样？问题到底出在哪里？

别着急，问题可能出在你与下属的沟通上。很多时候，你听到的工作进展，未必是真实的，你了解到的项目情况，也未必是真实的。甚至与下属"谈心"，你也未必能听到他们的真实想法。

当然，下属可能不是有意隐瞒，只是面对你这个领导者，他们往往会小心翼翼，能藏则藏，能简则简。至于真实意图，就要靠你去聆听、去"听懂"了。

我就在"听不懂"下属真实意图这件事上吃过大亏。当时，我牵头推进一个重要项目，团队里有个技术骨干叫小赵，经验丰富。每次我问他工作进展时，他总是微笑着回答："一切顺利，没有问题。"起初我非常放心，认为这个项目稳了。

可在项目最后阶段，我们却遭遇了重大的技术问题，为此项目整整推迟了一个月。我焦头烂额，立即找小赵了解情况。可是他却说，自己早在两周前就发现系统架构有问题，但觉得能够解决，就没有和我说。最后，以我重罚小赵结束此事，但项目推迟给公司造成的损失，却无法挽回了。

那件事之后，我开始思考一个问题：下属话说一半，怎样才能听懂他们的"弦外之音"？或者说，怎样才能明白他们的真实意图？这太重要了。只有及时发现问题，才能对症下药。

于是，我开始从与下属的沟通中寻找规律，慢慢总结出几个关键点。这些关键点，实操性很强，或许可以帮助你学会听懂下属的弦外之音。

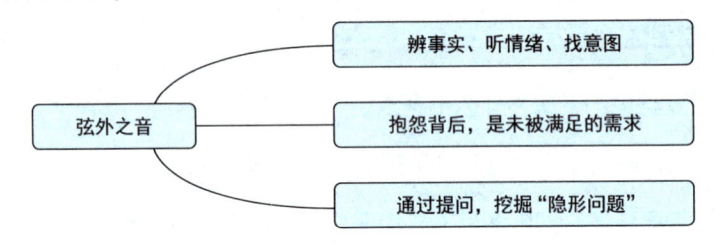

弦外之音
- 辨事实、听情绪、找意图
- 抱怨背后，是未被满足的需求
- 通过提问，挖掘"隐形问题"

♥ **关键点一：辨事实、听情绪、找意图。**

作为管理者，你的任务是带领团队完成业绩目标。当下属来找你，一顿"输出"时，很可能会带着情绪，真假参半。这些要素掺杂在一起，往往会干扰你对事实和下属意图的判断，进而影响你对工作的推进。

因此，在与下属的沟通中，你要学会分清事实、剥离情绪，找出对方的真实意图。

想分清事实不难，你只要多提出几个问题，多些考证就能实现。比如，你可以问："是他们自己说的，还是你猜测的？""是你确认过的事实吗？""这些事，有谁看到了？"多问一问，你就能判断是否属实，对方也会意识到，哪些是事实，哪些是自己的主观推断。

在分清事实的过程中，你还要试着剥离对方的情绪。如高兴、难过、失望、愤怒等情绪，这些情绪有时候会影响你的判断。把它们剥离出去，你才能得到不掺杂水分的事情真相。

搞定这些后，你要判断对方的真实意图。有时候，对方的真实想法是会藏起来的。因此，你不能只从表面上听对方讲了什么，而是要剥离事实和情绪，让真实意图显露出来。这个过程会有一些难度，除了自己进行分析和判断外，我再教你一个小技巧——

你可以总结对方表述中的意图，用转述的方式抛给对方。比如："我刚才听到你说可以这样做，我这样理解对吗？"这样做的最大好处是，可以激发对方思考，进而说出自己的真实意图。

♥ **关键点二：抱怨背后，往往藏着未被满足的需求。**

很多下属面对工作压力或不满时，往往不会直言不讳地提出，而是通过抱怨来释放情绪。这时候，作为管理者，你不能简单地把这些抱怨当作"牢骚"，而是要挖掘抱怨背后潜在的需求。下属的抱怨，往往反映了他们内心的期待和失望。如果你能及时听出这些弦外之音，就能有效地解决问题。

♥ **关键点三：通过提问，挖掘那些沉默背后的"隐性问题"。**

有些下属不会抱怨，也不会在会议上主动表达自己的困扰，往往沉默寡言。就算是提出问题，往往也会选择性地汇报，隐藏一些问题。原因是，面对问题，他们有自己的焦虑和顾虑，"报喜不报忧"，能够获得短时间的安宁。

这个时候，你需要主动提问，挖掘这些潜在的隐性问题。多问一些"直达心灵"的问题，让他们避无可避，打开心扉，知道你能帮他们解决问题，那些沉默背后的"隐性问题"就无所遁形了。

课后总结

1. 听不懂弦外之音，领导再拼命也是瞎指挥。
2. 听不到下属心底的声音，迟早会被表面的顺从蒙蔽。
3. 对症下药前，先得弄明白病因藏在哪里。
4. 听透人心，才是管理的真功夫。

提问有技巧：
如何与下属高效沟通

> **带着问题学管理**
>
> 1. 在交流中，你是否关注下属的反馈，及时调整你的提问方式？
> 2. 你是否会使用开放式问题来激发下属的思考？
> 3. 你是否能有效运用提问技巧，引导下属解决问题而非直接给出答案？

对于管理者来说，向下属提问，是再正常不过的事。多数管理者每天都在提问——"干得怎么样了？""哪里出问题了？""你有什么想法？"

这样的提问，看似在与下属沟通，实则属于无效沟通。我为什么会这样说呢？因为这些问题，是千篇一律的质询，类似于女朋友管着男朋友——"你干什么去了？"里面隐藏着情绪，容易引起对方的逆反心理。这样的提问，问了也是白问。下属听了，要么跟你争辩，要么干脆隐藏真实想法，让提问落在空处。

这其实是管理中的一个常见误区。

你以为问得足够多、足够勤，以此盯着团队，团队就不会出问题。实际上却是，问了没有用。甚至很多时候，问比不问更危险，一旦引起下属的不适或反感，你将得到不真实、不完整的反馈。这会引导你做出错误的判断。

我带团队也曾在"提问"上走过弯路。那时候，我很重视提问环节，每次例会上，总会提出很多"问题"。我和你现在的想法一样，想通过"提问"，多了解工作推进情况，消除潜在隐患。可即便如此，问题还是频频发生。

后来，一位下属悄悄找到我，和我说："你问得太多了，我们有时候不知道怎么回答才好。"那一刻我才意识到，没有技巧的提问，不仅达不到预想的效果，反而会压缩下属的表达空间，让他们疲于应对。

我开始有意琢磨提问技巧，慢慢总结出几个实用的提问方法。这几个提问方法，不能说百分之百有效，但却能够帮助你了解下属的真实想法，找到真正的问题所在。

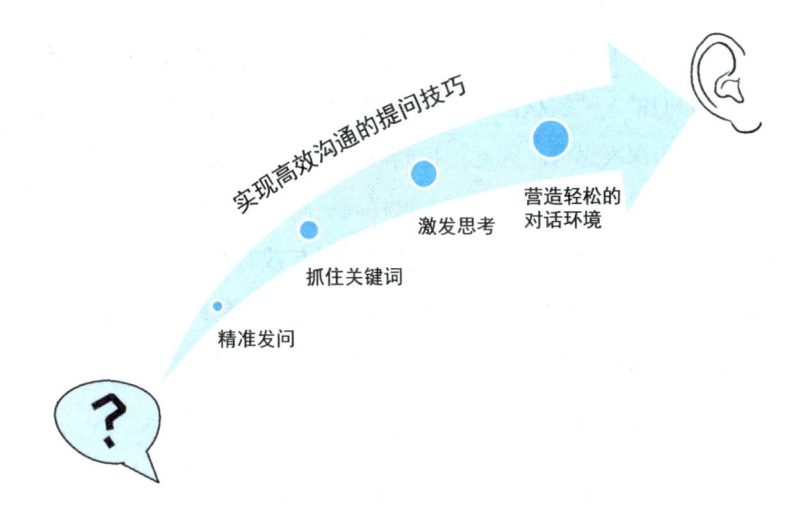

实现高效沟通的提问技巧

精准发问 → 抓住关键词 → 激发思考 → 营造轻松的对话环境

♥ **方法一：精准发问，避免过度提问导致"疲劳式回应"。**

提问过多，容易让下属产生疲惫感、逆反心理，甚至不知如何回答。与其每个细节都刨根问底，不如把关注点集中在关键点上，精准发问，让下属明确你真正关心的是什么，进而给出有价值的反馈。设置的问题，要简洁、有力、有针对性，避免频繁的、冗长的问题。聚焦重点，你才能收到有效反馈。

♥ **方法二：抓住关键词，让提问变得更有力量。**

与下属交流时，什么样的词才是关键词？我教你两个简单的判断方法：一种是找到对方不断重复的词，或者是某句话。不断重复的词，不断重复的话，一定是对他有意义的。当你抓到这个关键词，把它放在你的问题里，就一定能找准问题的关键点。最重要的是，如果问得巧妙，对方还会觉得你懂他，更容易说出事实。

另一种是带着情绪的词。比如，对方说"烦死了""很开心"等，都是带着情绪的词。注意：情绪词后面的话，往往是提问的关键点。比如，对方说："我很烦，这项工作没有做好！"你可以此提出问题："怎么了？能具体说说吗？"你这样提问，一定能问出重点。

♥ **方法三：用提问激发思考，而不是简单汇报。**

作为管理者，我们常常习惯性地要求下属汇报工作进展，殊不知这样的提问，往往会把他们带入"机械回应"的模式。他们可能会只汇报工作进度，却缺乏对过程的反思和深入思考。因此，提问时，你要尽量引导下属思考。

比如，向下属问月工作业绩，别人这样问——"这个月的业绩怎么样"，而你这样问——"你认为在这段时间里，哪些策略是有效的？有没有哪些客户沟通的环节可以改进？"……通过这种开放式问题，你可以让单纯的机械式汇报变成引导式提问。下属会由此进行思考，找到新的突破口。

♥ **方法四：营造轻松的对话环境，而不是质问。**

提问如果带有审视性，必定会让下属采取防御措施。他们可能觉得你的提问是为了"找碴儿"，于是会尽量避开核心问题，避免暴露不足。因此，在提问时，你需要营造一种开放的、轻松的对话氛围，让下属感觉自己是在和你合作，而不是被质问。如此，他们会愿意"掏心窝子"地回答你的问题。

课后总结

1. 不会问问题，沟通再多也是浪费时间。
2. 提问直击要害，才能让沟通不偏不倚。
3. 高效沟通，不在于多说，而在于问到点子上。
4. 问不到痛点，只能听到套话。

有效反馈：
不要做过于善解人意的上司

带着问题学管理

1. 在给下属反馈时，你是否专注于具体行为而非个人特点？
2. 你是否在反馈时直言不讳，而不是回避直接问题？
3. 你是否能提供切实可行的建议，帮助下属真正改善表现？

作为团队的核心人物，你的主要任务不仅有"引领"，还有"修正"。因此，你需要准确接收下属的信息，并及时给出有效反馈。

不过，在"反馈"这件事上，有些管理者却会不自觉地走进一个误区：过于"善解人意"。

怎么理解这句话呢？当下属带着问题找来时，管理者一般会有两种处理方式。一种是直接指示或批评。这种方式太过直接，容易伤到下属的情绪。为了避免无谓的"伤害"，有些管理者会不自觉地采取第二种方式——"曲线反馈"，也就是我所说的"善解人意"。

他们不直接指示或批评，而是选择绕弯子、含蓄表达，甚至干脆对一些错误视而不见，想着"大家都不容易"，反馈极尽柔和。这种"善意"看似是一种关心，但往往有害无益。

刚开始管理团队时，我就特别害怕说话太过直接会影响与下属的关系。一次，一个下属在项目中出现失误。当他带着问题找我时，为了照顾他的情绪，我轻描淡写地提醒了几句："这个地方好像有点小问题，不过没关系，下次注意就行了。"结果，问题不仅没有得到解决，反而在项目的推进中再次出现。

这让我意识到，自己以为的"善解人意"，实际上是无效反馈，只会为团队带来隐患。

作为管理者，你的任务不是让下属感觉"舒服"，而是帮助他们改进工作、提升能力。过度"温柔"只会让反馈变得无效，让问题依旧是问题，让团队工作质量下降。真正有效的反馈，往往不是"善解人意"，而是直击要害，直达问题。

我一般会这样反馈——

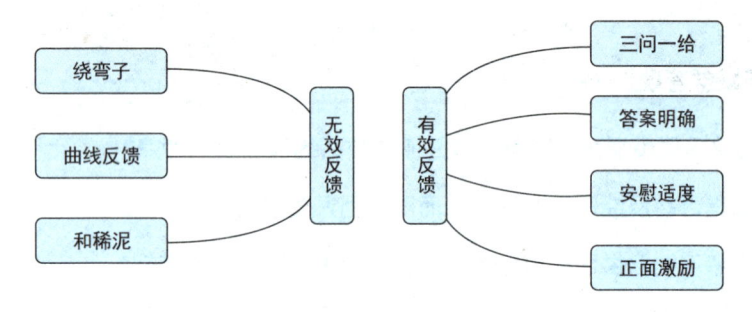

无效反馈：绕弯子、曲线反馈、和稀泥

有效反馈：三问一给、答案明确、安慰适度、正面激励

♥ **第一，给指示前，要"三问一给"。**

当下属带着问题找你的时候，在直接给指示和批评前，先问三个问题。第一问："你觉得这是个什么问题？"第二问："你觉得应该如何解决？"第三问："还有别的更好的办法吗？"问完这些后，你再给出必要的指示和帮助。

这三个开放性问题，不仅能缓解下属的紧张情绪，还能引导他们进行思考，而且思考的层次会越来越深。这样的提问，既可以帮助下属清除行动障碍，还可以找到更好的解决方案。

♥ **第二，给指示时，要答案明确。**

问也问了，有了铺垫，就得给出反馈。但是，有些管理者就是拉不下脸面，不愿意直接指出下属的错误，而是选择用模棱两可的语言表达。比如："这个部分好像有点小问题，但整体上还不错。"表面上看，你是在给对方台阶下，但实际上，你不仅没有真正指出问题，反而让下属产生了困惑，不知道怎么办才好。

因此，该明确指示或指出问题时，你要说得清晰、具体，不能模糊带过。

♥ 第三，面对问题，别过度安慰。

有些管理者在给反馈时，喜欢一边指出问题，一边安慰下属："没关系，大家都会犯错，不用太在意。"这种安慰的出发点是好的，想让下属不要有太多心理负担。安慰可以有，但一定不能过度。过度安慰会让下属产生一种错觉：问题并不严重，甚至可以忽略不计。这样的反馈不仅无效，而且有误。

面对问题时，你的重点不能放在安慰上，而要放在行动改进上。

♥ 第四，正面激励，增强改进动力。

有效反馈不是一味地找错，尤其是当下属在某些方面做得不错时，要及时给予认可和激励，这样能增强他们的改进动力。反馈不应是"打压式"，而应是"建设性"的，这样才能在指出问题的同时，帮助下属看到自己的进步空间。

这样的反馈，才是有效的反馈。

课后总结

1. 一味地善解人意，只会把下属推向平庸。
2. 不会直言反馈，就别指望下属有突破。
3. 反馈不到位，"温柔"只会助长团队的惰性。
4. 善解人意的上司，培养不出真正的强者。

如何开会：
不要做形式主义的领导者

带着问题学管理

1. 在会议中，你是否鼓励每位成员积极参与讨论，而非单方面发言？
2. 你是否定期评估会议的效果，以减少不必要的会议时间？
3. 你是否能及时将会议决策落实到行动计划中，而不是流于形式？

一个团队在发展过程中，必不可少的就是开会。会开得好，可以事半功倍，提高工作效率；会开得不好，事倍功半，浪费时间，工作效率低下。

我个人最反感的，是形式主义会议。做基层管理的时候，我遇到过一个形式主义感比较强的领导。那段时间，感触最深的是：会真的很多。每天大大小小的会议排满日程，如讨论会、汇报会、总结会，他好像很忙的样子，我们团队也被折腾得够呛，大量时间被用来开会，根本没有时间做业绩。结果可想而知，团队业绩一塌糊涂。

那时候我就在想：真的有必要开这么多会吗？会议内容真的对项目有帮助吗？我想不通，还以为是自己觉悟不够，就去问一个老员工。对方气愤地说："除了浪费我们的时间，消耗我们的热情，那些会没有半点儿作用！"

他带着情绪，说话可能有些片面。但有一点是肯定的，那就是频繁的会议，作用真的不大。这种形式化的会议，甚至会让团队的工作效率下滑，加剧问题的严重程度，让问题越积越多。

会议的真正目的，是推动决策、解决问题，而不是为了"有事做"或"显得忙碌"。作为管理者，你需要开会，但要会开会，会必须是高效的、有针对性的，并且能真正解决问题。

这些年我开过的会实在太多，由此总结出几个高效开会的要点，将它们分享给大家。

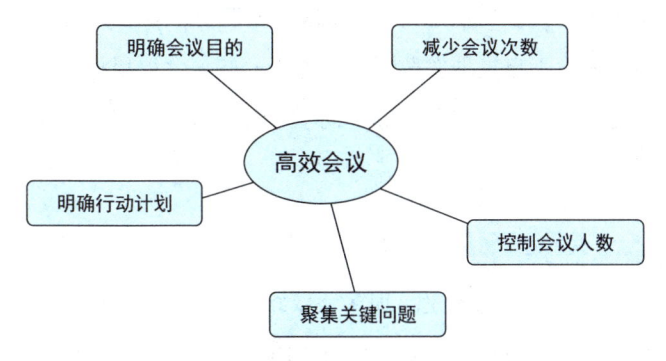

```
         明确会议目的        减少会议次数

                  ┌─────────┐
                  │ 高效会议 │
                  └─────────┘

         明确行动计划         控制会议人数

                聚集关键问题
```

♥ 要点一：明确会议目的，避免"无效会议"。

人要进步，得有目标；会要有效果，得有目的。有些管理者热衷开会，但把大家聚在一起后，又不知道该讨论什么、解决什么问题。东拉西扯后，见大家累了、乏了，一拍桌子宣布会议解散。这开的是什么会？有什么用呢？

你要开会，就必须明确会议的目的。是为了做出决策，还是为了讨论具体问题？我一般会在会议通知中，明确告知所有参与者，让他们有准备地参加会议。方向一旦确定，会议将会更聚焦、更高效。

♥ 要点二：减少会议次数，质量为王。

作为管理者，你要明白会议是"用"的，而不是"看"的。一次会议一个重点，解决一个问题。不要为了开会而开会，要确保每次会议都有明确的目标和议题。在这个基础上，你要控制会议次数，能不开就不开，舍掉那些形式化的、无用的会议，避免占用太多时间和精力。

♥ 要点三：控制会议人数，避免"人多嘴杂"。

开会时，有些管理者常常陷入一个误区：认为参加的人越多，会议越"全局"，越能解决问题。于是，每次开会，十几个人，甚至几十个人齐聚一堂，每个人都有机会发言。看似民主、包容，实际上很容易导致讨论"失焦"，让关键问题湮没在无效的交流中。你只要确保相关人员参与就好，无关人员就算了。

♥ **要点四：聚焦关键问题，避免无效讨论。**

无效会议的另一典型特点是：讨论范围过于宽泛，很多时间被浪费在无关紧要的琐事上。大家会不自觉地发散话题，讨论一些与会议目的无关的事情，最终导致忽视了关键问题。遇到这种情况，你要引导讨论回归重点。你主持的会议，你来把控节奏。

♥ **要点五：会后明确行动计划，避免"开完就完了"。**

会开完就完了吗？当然不是。很多会议结束后，大家感觉讨论得热火朝天，甚至达成初步的共识，但真正回到工作岗位时，却不知道下一步该做什么。没有明确的行动计划，会议成果就无从落地，所有讨论就像空中楼阁，只停留在会议室里。

一次，我组织了一个重要的跨部门会议。会议上，大家达成一致意见，但会后却迟迟没有任何动作。几天后，我追问项目进展，才发现每个人以为会议上的讨论只是意见交流，没有人真正执行。于是，所有事情都停滞下来，项目再次被耽误。

从那以后，我开始意识到，会后必须明确每个人的行动计划，明确到人，明确到完成的时间节点。只有这样，会议成果才能直接转化为行动，避免"会开了等于白开"的情况发生。只有这样的会议，才是有效的会议。

课后总结

1. 开会不切实际，团队只会浪费时间和精力。
2. 形式主义的会议，只会拖垮团队的士气。
3. 不会直击核心问题，会议再多也是瞎折腾。
4. 做形式主义的领导，只会让决策迷失在口号中。

第三章

业务"破局"与战略执行：
从思维到行动的跨越

业务困境：
把身边的庸才变成干将

> **带着问题学管理**
>
> 1. 为什么有能力的员工也会成为"庸才"？
> 2. 为什么说"庸才"是团队的"毒瘤"？
> 3. 你是否会通过任务挑战激励庸才，促使他们发挥潜力？

在管理团队过程中，很多管理者会头疼"人"的问题。因为再好的项目，如果人不给力，就不能完成得漂亮、出彩。

有个朋友向我诉苦，说："我的团队里，有些人工作态度平平，任务完成得勉勉强强，不出彩，也不犯大错。我想带着团队更进一步，却总被他们拖着，真的很无力。你说，他们是不是庸才？"

我对他说："他们不是'庸才'，能完成任务，说明他们有一定的能力，而工作不出彩，责任在你。只要方法得当，你就能让身边的'庸才'变成得力干将。"

讲到这里，我想起自己刚带团队时遭遇的业务困境。那时候，我满怀信心，想带着团队打一场漂亮的仗。一段时间后，我发现总有那么几个人，一直处于"划水"状态。项目推给他们，结果总是不尽如人意。以至于在公司季度总结会上，我的领导委婉地提醒："你带的这支队伍似乎效率一般，有没有考虑过调整团队？"

我一时语塞，要调整队伍吗？可我通过观察，发现那几个人也有能力，只是一直不在状态。焦虑过后，我逐渐意识到，问题的根源不在团队的个人能力，而在于我没有真正挖掘他们的潜力。每个员工都有自己的特点与优势，只要能发挥优势，扬长避短，"庸才"也能变成"干将"。

经过一段时间的调整与探索，我总结出以下几个管理团队的方法，让那些曾经让我头疼的"庸才"逐渐变成左膀右臂。我是这样做的——

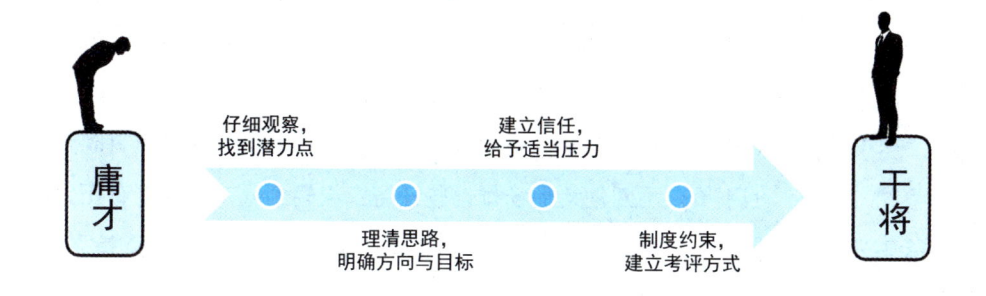

庸才 → 仔细观察，找到潜力点 → 理清思路，明确方向与目标 → 建立信任，给予适当压力 → 制度约束，建立考评方式 → 干将

♥ **关键点一：仔细观察，找到"庸才"的潜力点。**

很多时候，所谓的"庸才"，只是他们的潜力没有被发掘出来，或者没有处在合适的位置上。脚上的鞋子不合脚，你想让他们快跑，现实吗？要让他们跑快点，你要静下心来，仔细观察和了解，找到每个人的强项，并基于此为他们分派适合的任务。

当然，既然是"庸才"，他们也有自己的缺点。作为管理者，你要因人施教，用人所长，不能总是盯着人家的缺点不放。有高峰必有深谷，这个世界上没有真正全能的人，最多只是在某方面特别有能力的人。你只要让对方的长处为自己所用，就足够了。

♥ **关键点二：理清思路，给出明确的方向与目标。**

有些员工效率低下，其实不是他们不愿意干活，而是不知道该怎么干、往哪儿干。他们站的位置比你低，自然不能像你一样看清全局。因此，当他们原地打转，有力不知道怎么使的时候，你要做的不是一味指责，而是提供清晰的指导，帮助他们理清思路，指出明确的方向与目标。

必要的时候，你还可以帮他们拆解项目，把每一个任务细化成具体的步骤，设定出阶段性的小目标。有了目标，他们的脚步自然会更快一些。

♥ 关键点三：充分信任，给予适当的压力。

有些"庸才"之所以表现平庸，是太安于现状了，不愿主动承担责任和挑战。对于这类下属，你不能采取过激的方法，这样只会让他们心生反感。你要做的是想办法与他们建立信任，让他们愿意承担责任。同时，还要适当地施加压力，让他们肩膀上有东西。

至于如何建立信任关系，要看你怎么做了。我是这样做的——对于有能力，但喜欢"躺平"的下属，不断地给他安排一些任务，由轻到重，让他既有压力，又能感受到我的信任。当然，我也会告诉他："放心去做，我会在后面支持你。"他会做得越来越好。

♥ 关键点四：制度约束，建立一套与众不同的考评方式。

你是不是觉得考评制度是领导者寻找下属缺点的工具，用了容易破坏上下级之间的团结？其实并非如此。用错地方，弄错目标，考评就会成为错误的工具。但如果有一套与众不同的考评方式，让你可以正确地评价"庸才"的工作，它将会成为督促他们改变的好工具。

做得不好，给压力，给惩罚；做得好，给表扬，给奖励。如此，"庸才"会以肉眼可见的速度，变成你的得力干将。

课后总结

1. 领导的真本事，是把平凡人打造成顶梁柱。
2. 困境中看不见干将，是因为你还在低估庸才。
3. 业务危机，拼的不是天赋，而是如何激发潜力。
4. 再平凡的庸才，也能在对的人手中变成干将。

战略落地：
分解和实现战略的 4 个方法

带着问题学管理

1. 你是否能将战略目标具体化，以便团队理解和执行？
2. 在分解战略时，你是否考虑到团队成员的能力和资源？
3. 你是否能够通过有效沟通，确保团队对战略的认同和支持？

成为中层管理者后，你的任务就改变了。以前，"一个人就是一个团队"，你要完成一个又一个小任务，而现在，你要带领团队打赢一场又一场"大仗"，向公司证明自己的领导力。

从"小任务"跨越到"大战争"，你已经迈到战略层面，进入战略拆解和执行行列了。

不要以为战略目标实现是公司高层的事。实际上，作为中层管理者，你不仅要理解战略，更要让它变成可执行的实际目标。说白了，你和你的团队就是战略的实际执行者。因此，你要想方设法让战略从"天上"到"地上"，落到实处。

几年前，公司制订了一个远大的五年规划，要求在五年内，产品市场份额实现 30% 的增长。这个目标很大，实实在在地压在我和团队头上。我凭一股子猛劲，立即带着大家进入"战时"阶段。但很快我就发现，团队在执行过程中陷入混乱。

大家讨论了一大堆高大上的词汇，制订了数不清的方案，但实际进展非常缓慢，甚至不知道从哪里下手。

冷静下来后，我逐渐意识到，战略既有宏大的目标，也得有实现目标的行动计划。中层管理者是连接高层和基层的腰部力量，向上承接战略方向，向下执行落地，因此必须把握战略的每个环节、步骤。其中，最关键的是，要把宏大的战略目标变成每个人都可执行的小任务。

怎么做？一言概之，进行分解，逐一落地执行。

先说分解战略。怎么分解呢？方法有很多，比如我前面提到的五年计划，你可以把大目标分解成年目标，再进一步分解为月目标、周目标；可以按部门，一级一级分解下去，目标会越来越小。但要记得，让团队清晰每一步需要达成的具体目标。

分解了战略目标，如何逐步实现呢？我通过以下四步，逐一落地——

分解战略 → 头脑风暴 → 计算绩效 → 可行性验证 → 量化指标 → 实现战略

♥ **第一步：头脑风暴做加法。**

拿到战略目标后，马上就分解给到大家吗？别着急，先缓一缓。我的做法是，先召集团队成员，做一次关于战略落地的头脑风暴。为什么要这么做呢？因为你的分解、落地，只是一个人的想法，可能不完善，有遗漏的地方。所以，你需要群策群力，用头脑风暴的方式，把所有能想到的点都列出来。

这些点子越多越好，不管可不可行，只要是能促进落地、达到目标的，都可以列出来。有些点子即便不可行，也可能对别人有启发，所以不管三七二十一，都列出来。

♥ **第二步：计算绩效盖房子。**

只有点子，当然是不够的。你要和团队开始计算，每个点子背后可以贡献多少业绩，同时消耗多少资源。如果这些点子汇集在一起，可以建成一座完整的房子，也就是完成战略目标，那就是可行的。否则，这个战略计划从一开始就是失败的。这是一个积累数据、预测结果、验证假设的过程。在这个过程中，你可以对整个战略计划有一个全面的判断。

♥ **第三步：进行可行性验证做减法。**

计算绩效的时候，你就要进行可行性验证了。对于那些不能支撑实现战略目标的，计算下来有问题的，可以减掉。你只需保留那些可行的、优质的点子。当然，如果你难以做出精准判断，可以邀请其他部门的同事一起参与讨论，这样更容易发现计划上的可行性漏洞。

♥ **第四步：将计划变成可量化的指标。**

无论是宏大的战略目标，还是分解出来的小计划，只有落到可量化的指标上，才能真正推动执行。许多计划失败的原因之一，就是目标太模糊，大家不知道如何衡量进展。因此，你必须把整个战略，以及分解出来的小计划，都变成可以衡量的数字、比例或时间节点。只有这样，才能确保计划精准实施。

这四步完成以后，计划才能顺利推进。不过你要知道，市场环境、行业趋势和内部资源会在执行过程中发生变化。如果你一味地按部就班，不根据实际情况调整战略和执行方案，最终的结果很可能偏离初衷。

因此，你还要持续跟进与调整，才能保证战略规划顺利落地。

课后总结

1. 无法实现的战略，只是纸上谈兵的幻影。
2. 战略不能分解，再宏大的蓝图也是空谈。
3. 再宏伟的战略，少了落实就注定是一场白日梦。
4. 战略落地不是靠喊口号，而是靠每一步的扎实推进。

争取资源：
如何让公司全力调配资源支持

带着问题学管理

1. 你是否能够清晰阐明资源需求对项目成功的重要性？

2. 在争取资源时，你是否准备充分的数据和案例支持你的请求？

3. 你是否定期跟进资源使用情况，确保透明度和责任感？

完成一项任务，实现一个目标，都离不开资源的支持。一般来说，公司会提供足够的资源，让你有充足的"粮草"实现目标，但是也有例外的时候。

比如，上级让你明天上午 10 点前拿下对面的高地。考虑到对方的兵力、弹药情况，上级也给了你相应的兵力、弹药。但在攻坚过程中，你却发现，上级了解的和实际情况有出入，依托现有资源不能完成任务，这个时候，你该怎么办呢？

你当然不可能放弃任务，只能争取资源。

很多时候，上司不了解实际情况，加之公司资源紧张，这些都会让"要资源"变成一场"战争"。顺利要到资源，争取公司的全力支持，成为你成功的关键。

一次，我负责的一个重点项目，因缺乏足够的资源而陷入困境。当时，我们的目标是快速占领市场，但资金有限，技术力量也分散在多个项目上。面对这些难题，我向上级汇报过，可得到的回复却是"自行解决"。

直到项目完成，我也没能要来资源，结果是，项目进度大大滞后。那时候，我就意识到，当资源不够时，你必须想尽一切办法要来资源。

那么，怎样才能让公司全力调配资源，给予支持呢？我喜欢用五个问题，让这个"要"的过程，一步一步变得简单起来。

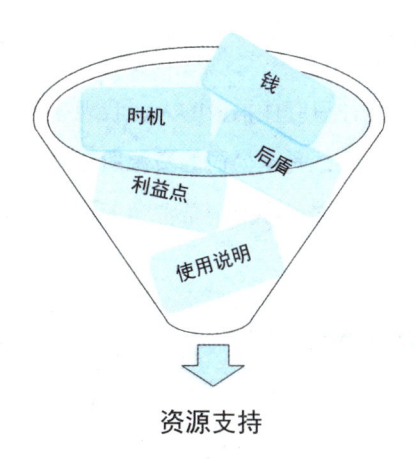

[图：漏斗中包含"时机""钱""后盾""利益点""使用说明"，流出为"资源支持"]

♥ 第一个问题：什么时候要？

你张口就要资源，公司能给吗？想都不要想。这就好比，你向女友求婚时，一定要挑个最佳时机。对方心情不好，你准备得再充分，人家也可能不答应；对方心情好，你随便一求，人家没准儿就答应了。要资源也是如此，时机很重要。

一般来说，向公司要资源有三个最佳窗口时机。一是你的战略计划初步完成时，上级一看计划，发现资源确实不足，也就给你了。二是任务布置下来时，特别是临时性项目，上级一般会当场问你，任务出现了什么问题，这个时候要资源，一般不会被拒绝。三是项目阶段性复盘期，复盘的时候，你要收集足够的数据和资料，证明的确是资源不够了，上级为了推进项目进度，一定会给你的。

♥ 第二个问题：要什么？

向上级要资源，你知道要什么吗？有人可能会说，那还不简单，要钱。在他们眼里，只有资金才算资源。但我要告诉你，资源不只是钱，还有物、人、事。"钱"可以直接用于业务发展，"物"可以用于辅助业务推进，"人"就不用说了，优秀的人才是宝贵的资源，"事"则是对项目重要的支持。

所以，你必须弄清楚，自己到底需要什么样的资源。钱、物、人、事，统一列出来，需要哪些，量是多少，等等。这点清晰了，要到手后，你的项目才能顺利推进。

♥ 第三个问题：向谁要？

中层管理者要资源，往往只盯住拍板的人。我现在告诉你，目标要放长远一些。因为你面对的不是一个人，是全公司的资源所有者。比如，你要人可以去磨人力，要物可以去找后勤。总之，你要清楚，全公司的资源所有者都可以成为你的"后盾"。

♥ 第四个问题：利益点在哪里？

我在前面说了，你要向全公司的资源所有者要资源，那么，人家为什么肯给你呢？这就涉及利益点了。你要说服他们给资源，就要提供给他们关注的相应的利益点。虽然公司是一个整体，但每个部门也会考虑自己的利益，你要拿出能打动他们的东西。

♥ 第五个问题：资源要来怎么花？

要资源之前，你还要弄清楚一个问题：怎么花？你以为要到手的资源越多，项目推进得就越顺利？错！一个基本的常识是，你要到的资源越多，公司给你的压力就越大。所以，要资源之前，你最好写出详细的资源使用说明书，并将其给到公司，确保每一分钱都能花到刀刃上。你的说明书越详细、越具体，公司给你资源时就会越痛快。

课后总结

1. 争取不到资源，只因你还没让公司看到价值。
2. 没有实力打动公司，再多要求也是空中楼阁。
3. 资源永远向能创造回报的人倾斜。
4. 想要资源倾向你，先让公司看到你的决心。

推倒"部门墙"：
让价值链成为你的秘密武器

带着问题学管理

1. 在项目实施中，你是否能够识别各部门的价值链角色？
2. 你是否鼓励团队成员分享资源和信息，以打破信息孤岛？
3. 你是否定期促进跨部门沟通，以提高协作效率？

在中层管理者的位置上，"部门墙"造成的阻碍还不是很明显。如果你想向高层管理者进阶，就必须想办法解决这个问题。因为站得越高，统筹范围越广，这道"墙"就会越碍事。

道理很简单——在公司内部，部门之间往往各自为政，互不干涉。每个部门有自己的负责人，在他们看来，管好自己的一亩三分地就好了，其他的，事不关己，高高挂起。这导致部门之间缺乏协作精神，资源和信息无法高效流动。

当然，这也使得你想调动其他部门的资源时，会非常困难。

我有个朋友是一家公司的财务总监。前段时间，他就遇到了"部门墙"的问题，头痛了好几天。

他想要推动"汇款率提升"，把钱从客户那里收回来，用更多的资金生产新产品。为实现这一目标，他第一时间就找到销售部门。销售部门的负责人却摆手说，这是财务部门的事，和他们没有关系。

无奈之下，他只好去找公司首席执行官，希望借助上级的力量，向销售部门施压。可公司首席执行官实在太忙了，跟不过来，最后这件事只能不了了之。

我也遇到过同样的问题。我负责过一个跨部门项目，涉及市场、销售、技术和供应链四个部门。按理说，各个部门只要按部就班地完成自己的任务，项目应该能够顺利推进。现实却是，不同部门之间的信息传递不畅，每个人只关心自己的工作，丝毫不关心项目整体进展。我虽然是项目负责人，但只能调动销售部，至于其他部门，用起来就没有那么顺畅了。

结果，整个项目进展缓慢，团队士气逐渐低落。问题的根源很明显，各部门之间的那道"墙"，阻碍了信息流动，影响了工作推进。就是从那时起，我开始意识到，要想打破僵局，就必须推倒那道"墙"。

怎么推呢？要从"价值链"着手。只有拿着"价值链"这个武器，你才能从容游走于各部门之间。我就是用"价值链"这个秘密武器，推倒了横亘在各部门间的那道墙，让全体连成一片，为我所用。方法不难——

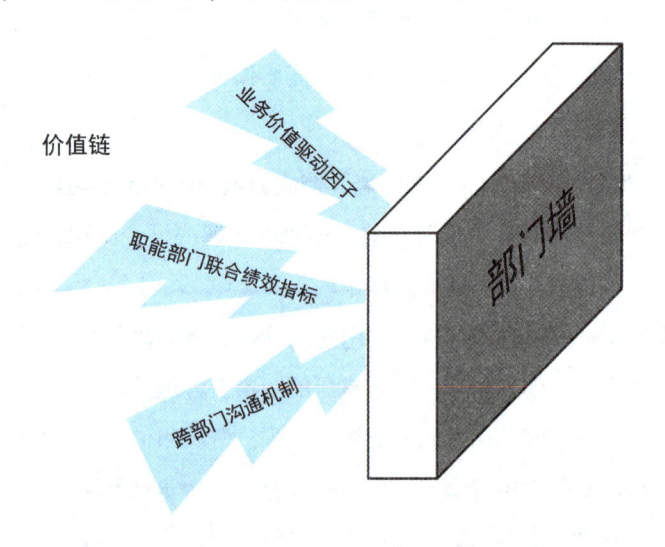

价值链

业务价值驱动因子

职能部门联合绩效指标

跨部门沟通机制

部门墙

♥ **第一，非业务部门管理者，先弄清楚公司的业务价值驱动因子。**

什么是业务价值驱动因子？简单来说，就是你的这个行业是怎样创造价值的，关键要素有哪些。比如，快消品行业的业务价值，在于让客户更方便地选择更多、更实惠的产品，获得更好的服务。这些价值是贯穿整个公司、各个部门本质的东西。

因为所有的部门，最终目的都是为客户提供更好的产品、服务。当弄清楚公司的业务价值驱动因子后，你再以此连通各部门，会变得相对容易。大家的目标相同，还分什么你我呢？

♥ **第二，业务部门的管理者，要找出和职能部门的联合绩效指标。**

如果你是业务部门负责人，只带着团队往前冲就够了吗？当然不够。因为你离不开职能部门的支持。你是主攻，他们就是助攻，大家一起往前冲，才能取得胜利。

每个部门都有绩效指标，不同部门的绩效指标各不相同。这些绩效指标，既有相通的地方，也有矛盾的地方，你需要把自己关心的指标和其他部门关心的指标都列出来，找出相通点，解决分歧。当分歧点逐一被化解，"部门墙"也会逐渐消失。

♥ **第三，建立跨部门的沟通机制，让信息流动起来。**

"部门墙"会造成沟通不畅，信息往往卡在某个部门出不来，导致下游部门无法及时调整工作。这时候，建立一个高效的跨部门沟通机制显得尤为重要。建立沟通机制，信息不再滞留，而是高效流通，团队成员能够实时掌握新情况，减少了反复沟通的时间，"墙"自然就不见了。

课后总结

1. 部门墙不拆，再强的团队也只是各自为战。
2. 价值链的力量，来自每个环节的无缝衔接。
3. 部门各自为政，只会让公司的价值流失殆尽。
4. 拆掉部门墙，才能让每个节点都变成竞争力。

长远思维：
不要看到问题就去解决

带着问题学管理

1. 你是否在解决问题时考虑到其根本原因，而不仅仅是表面现象？
2. 有没有定期进行问题回顾，以识别潜在的长期趋势？
3. 在面对问题时，你是否会评估不同的解决方案的长期影响？

作为管理者，如果发现问题，你会怎样去做？

就这个问题，我问过多位中层管理者，90% 以上的人回答是：立即行动，迅速解决。看起来，大家都喜欢快刀斩乱麻，看到立竿见影的效果。但是，这种做法却存在问题。

打个比方：你早上突然生病了，高烧到 39 摄氏度，只是物理降温退烧就够了吗？当然不够。你得去医院，让医生检查病因，是感冒发烧还是其他病症。只有找到病因，才能真正解决问题。同理，很多时候，你遇到的问题可能不像表面上看到的那样，问题也许并不单一，它们背后可能隐藏着更深层次的根源。

你如果一味地看到问题就去解决，可能只是"头痛医头，脚痛医脚"，而忽视了问题背后的深层次原因。这不仅会导致问题难以解决，还可能不断出现同类问题，让你的管理变得越来越被动。

我有一个朋友，是个急性子，就经常这么干。她每次遇到问题，就立刻行动，快速修修补补，想要堵住漏洞。可问题总是越来越多，新问题不断涌现，让她疲于应付。后来，我告诉她，处理问题要有长远思维，她才改变了处理方式。

我也经常告诉下属长远思维的重要性。作为中层管理者，你可能会遇到很多问题，短视的处理方式虽然能带来暂时的效果，但却不能从根本上真正解决问题，反而可能陷入重复的修补和应对中，影响团队长期发展。只有站高一些，看远一些，用长远思维全面解决问题，才可能一劳永逸。

当然，长远思维不是说说就有的，需要你慢慢培养。我也是摸索了许久，才从以下几个角度，找到了一些培养长远思维的路径。

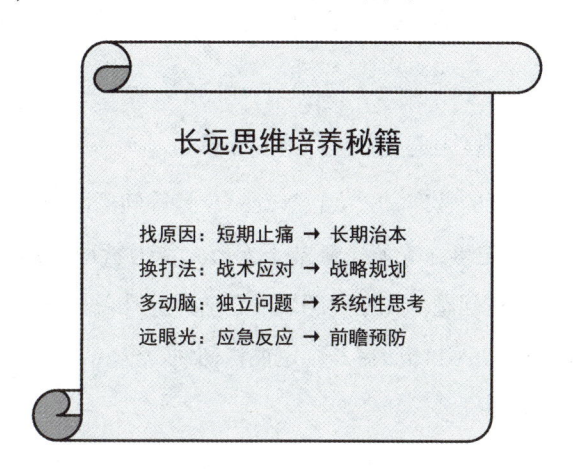

长远思维培养秘籍

找原因：短期止痛 → 长期治本
换打法：战术应对 → 战略规划
多动脑：独立问题 → 系统性思考
远眼光：应急反应 → 前瞻预防

♥ **第一，找原因，从短期"止痛"到长期"治本"。**

很多管理者看到问题的第一反应就是"立刻解决"，这其实是典型的"治标不治本"。你考虑过问题背后的深层次原因了吗？问题的根源在哪里？要真正解决问题，你需要从短期"止痛"转向长期"治本"。也就是说，你先别着急解决眼前问题，而应该沿着问题，顺藤摸瓜，找出真正的病因，然后对症下药。

♥ **第二，换打法，从"战术应对"到"战略规划"。**

管理者不仅要处理每天的问题，还要从战略角度规划团队的长期发展。很多时候，你的注意力会聚焦在眼前问题上，只想着如何打赢这场"小仗"，却忽视了这些问题是否与团队战略方向有关。可能"打着打着"，你就偏离了原来的轨道，远离了战略方向。所以，遇到问题时，你要从战略角度反思问题根源，制订符合长远目标的规划，在这个基础上解决问题。

♥ 第三，多动脑，从"独立问题"到"系统性思考"。

问题从来不是孤立的，它们往往是企业或团队运作中的"系统性症状"。只是很多时候，管理者看不见其他问题而已。当问题出现时，如果管理者只关注单一问题，而忽略问题之间的关联性，可能会导致新问题层出不穷。因此，你要进行系统性思考，站在更高的层次上，审视整个系统，找到问题的关联性，这样解决问题才能更全面。

♥ 第四，远眼光，从"应急反应"到"前瞻预防"。

很多时候，管理者的管理方式太过被动，总是等问题出现后再去解决，而忽视提前预防和规划。防事之未萌，避难于无形。作为管理者，你要拥有长远眼光，学会提前识别潜在问题，并在问题爆发之前做好准备。前瞻性管理，能帮你避免陷入"救火"状态，让团队更具稳定性和韧性。

课后总结

1. 只盯着眼前的问题，永远看不到破局点。
2. 看到问题就急着出手，只会陷入疲于奔命的怪圈。
3. 没有长远思维，解决一个问题之后还有更多问题。
4. 问题只是表象，长远思维才能找到真正的答案。

冲锋陷阵：
带队打赢"漂亮仗"的方法

带着问题学管理

1. 你有没有制定清晰的战略目标，以激励团队朝着共同目标努力？
2. 在关键时刻，你是否能够迅速做出决策，并带领团队行动？
3. 你是否定期评估团队的表现，并及时调整战术以确保成功？

有人曾问我，衡量中层管理者领导力的标准是什么？

我告诉对方，能够带领团队"打胜仗"的，就是好的管理者。只要能带领团队打一个又一个胜仗，你就是优秀的管理者，你的团队就是优秀的团队。

只不过，要打胜仗，打一个又一个的胜仗，的确不是件容易的事。打仗不是简单的你来我往、兵戎相见，也不仅仅是简单的投入精力和资源，而是战略战术、领导方法等的全面较量。任何一个环节，都可能影响"战争"结果。

其中，最关键的因素是"你"。作为团队的核心人物，你的领导水平将直接影响到"战争"的结果。

我有个朋友，一直带着一支小团队。干了一年后，他渐渐发现不对了——他的团队业绩一直处在中游，不温不火。下属对他不冷不热，安排工作他们就做，不安排就闲着，完全没有工作热情。他和兄弟部门打交道时，人家也不是特别配合。

他不知道问题出在哪里，跑来问我。我问了他和团队的一些近况，终于摸清原因，对他说："你没有斗志了，这么长时间，再没有打过大仗，怎么能服众？"他这才明白，职场如战场，没有辉煌的"战绩"，自己就不能被公司重视，不能让下属对你心服口服。

后来，他紧锣密鼓地接手了一个大项目，漂漂亮亮地打赢一场大仗，重新抬起头来。

任何管理者，要想在上级面前闪闪发光，在下属面前昂首挺胸，就必须用"胜仗"来说话。那么，怎样才能打好仗、打胜仗呢？我总是用以下五步，来稳稳推进。

预热期	备战期	冲锋期	推进期	完成期
·明确目标 ·制定战略 ·鼓舞士气	·认真筹备 ·营造氛围	·分工明确 ·协同作战	·调整战术 ·灵活应对	·回顾反思 ·积累经验

♥ 第一步，预热期：明确目标，制定战略，鼓舞士气。

每一场战役胜利的关键，都要有明确的目标。团队需要清楚地知道这场"仗"要打到哪里，是提升市场份额，还是突破某个业务指标？目标不明确，团队就会迷茫，士气也难以保持。所以，你不妨先开一场项目立项会，把目标和大家说清楚。

有了清晰的目标还不够，你还要告诉他们这仗怎么打。可以召开一场培训会，把目标拆到各个相关部门，或者相关员工头上，让他们清晰地知道自己该怎么干，用什么方法干。

仅这些还不够，你还得想办法鼓舞士气，这是打胜仗的关键。我的做法是，开一场全员宣讲会，告诉他们这场"战役"对公司有多重要，对团队有多重要，对员工有多重要，让他们的血沸腾起来，心腾飞起来，鼓足劲准备往前冲。

♥ 第二步，备战期：认真筹备，营造氛围。

预热过后，就到备战阶段了。这段时间，作为管理者，你要带领团队，认真筹备"打仗"所需的各种物资。"兵马未动，粮草先行"，每一项物资的筹备，都可能影响作战结果，因此不得马虎大意。期间，你要想办法给大家营造一种"山雨欲来风满楼"的紧迫感，压力越大，后期爆发得越猛烈。

♥ **第三步，冲锋期：分工明确，协同作战。**

带领团队打胜仗，不是一个人的功劳，而是团队成员共同努力的结果。要想在关键战役中取得胜利，你要确保每个人都有明确的职责，知道自己的"战场"在哪里，知道仗要怎么打。当然，作为领导者，你还要协调好所有成员，让大家协同作战，一起发力，这样才能形成强大的团队合力。

♥ **第四步，推进期：及时调整战术，灵活应对变化。**

没有一场战役是完全按照计划进行的。在项目推进过程中，外部市场变化、内部资源调整等各种突发状况，都可能影响最终结果。作为管理者，你要始终保持灵活的头脑，及时调整战术，确保团队面对变化时能够迅速做出反应。

♥ **第五步，完成期：回顾和反思，为下一次胜利积累经验。**

每一场战役结束后，管理者都需带领团队进行回顾和反思。无论胜利还是失败，反思过程都是积累经验、为下一次胜利做准备的重要环节。通过复盘，你能发现哪些战术奏效，哪些需要改进，也能让团队成员进一步提升战斗力。

课后总结

1. 打赢漂亮仗，不在于速度，而在于每一步都踩在点上。
2. 领导者若无谋略，再多的冲锋也是无用功。
3. 真正的胜利，不是靠硬拼，而是靠精准出击。
4. 能打赢漂亮仗的队伍，靠的不是蛮力，而是集体智慧。

优化永无止境：
现有流程效率低怎么办

带着问题学管理

1. 在优化流程时，你是否鼓励团队成员提出改进建议？
2. 你是否使用数据分析工具来监控流程效率，并做出相应调整？
3. 你能否制定明确的优化目标，以推动团队持续改进？

团队管理中，最让人头痛的问题是流程效率不高。

现有的业务流程看起来清清楚楚，但执行起来却总是磕磕绊绊、问题频出。这就好像车轮陷在泥里，发动机转得冒烟，前进的速度却总也提不上来。

这导致你和你的团队看似每天忙碌，但成果却不尽如人意。严重的时候，甚至会差到让你崩溃。

我有个朋友，是一家公司创意团队的负责人。他的团队每天的工作，是从数百条社会热点中选出十条有看点的作为创意，形成宣传文案，为市场部提供宣传材料。创意性的工作，需要每天绞尽脑汁去想，因此大家都很累。

后来实在忙不过来，他又招了三个人，以为情况会有所好转。哪知道，人多了以后，大家还是一样地忙，产出却没有增加。这让他备受折磨。

问题出在哪里？业务流程有问题。效率低只是因为人少吗？当然不是。根本问题是没有弄清楚业务优化目标，盲目加人只是病急乱投医。更何况，他希望人来了之后马上发挥作用，而不是循序渐进，逐步迭代。

其实，他最应该做的是优化业务流程。优化后，他再做相应调整，才能从根本上解决问题。

我刚开始带团队的时候，也不太会优化流程，吃过多次亏后，才慢慢摸索出一些优化的方法。一般情况下，我是这么做的——

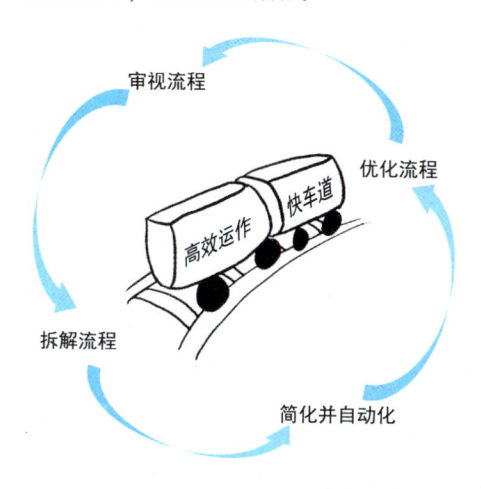

（图示：审视流程 → 优化流程 → 简化并自动化 → 拆解流程，中间为"高效运作"与"快车道"）

♥ **方法一：审视流程，现有流程是否真正服务于目标。**

设计流程的初衷是什么？是保证团队高效运转的同时，能够高效达成目标。如果流程远离这个根本目标，变得烦冗复杂，那么无论团队多么努力，结果都会不尽如人意。所以，一旦效率低下，你就应该主动审视现有流程，确认它的每个环节能否真正为目标服务。

♥ **方法二：拆解流程，找到阻碍前进的"枷锁"。**

业务是变化的，流程也不能一成不变。每过一段时间，流程都会随着业务变化而出现一些"瓶颈"环节——它们会拖慢整体进度。如果不找到这些关键点，优化只是表面功夫，无法真正解决问题。因此，你需要分析和拆解流程，精准找出导致效率低下的关键点，进行有针对性的改进。

♥ **方法三：简化并自动化，减少人工干预。**

重复性的任务，往往是流程中最大的"效率杀手"。如果团队每天都在执行同样的任务，不仅耗时长，出错率也高。这个时候，自动化是提高效率的最佳选择。

我在一个项目中遇到过数据录入的难题。团队需要把从不同的数据源获得的信息手动输入统一的系统中。这个过程不仅效率低，还经常出现错误。后来，我引入自动化工具，将手动录入流程改为数据自动化传输，不仅减少了重复性的工作，还大大提升了工作效率。

♥ **方法四：鼓励团队参与，集思广益，优化流程。**

管理者虽说大多出自基层，但也有平移过来的，这导致他们对实际操作的痛点知之甚少。作为流程的执行者，团队成员对流程中的"坑"感受最深。因此，优化流程时，你不妨多听听团队的声音，集思广益。

最后，你要持续优化，永不停止。流程优化从来不是一次性工作，它应该是一个持续迭代的过程。随着业务需求变化，流程也需要做出相应调整。所以，你要持续跟进流程运行情况，定期审视和调整，保持流程的灵活性和高效率。

课后总结

1. 不敢打破现有流程，就别奢望效率的飞跃。
2. 现有流程卡顿，再多努力也只是原地踏步。
3. 优化永无止境，停止改进就是走向落后。
4. 流程不优化，效率再高也有天花板。

第四章

任务分配和目标管理：把目标变成成果

"三步走法则"：
适合任何公司的目标制定方法

> **带着问题学管理**
>
> 1. 你是否明确了公司的长期愿景，以指导目标的制定？
> 2. 在制定目标时，你有没有确保目标具体、可衡量且具挑战性？
> 3. 你是否定期跟踪目标的进展，并根据需要进行调整？

制定目标、分配任务，对于中层管理者来说，是个必修课题。很多人做不好，不是因为不懂得基础管理知识，而是缺乏解决实际问题的方案。将理论付诸实践，将想法变成目标，这是我接下来要帮你解决的问题。

之前，公司给我安排了一个任务，要求业绩实现17%的增长率。这个任务不算难，但也没有那么容易。当时我手下有两支团队：一支由老陈带领，主要负责维护老客户，很少有时间拓展新客户；另一支由小张带头，主要任务就是拓展市场。

考虑到两支团队性质的不同，我在分配任务的时候，给老陈制定了比较低一点的增长指标，给小张的就制定得高了一些。但没过多久，老陈就对我表达了不满。即便已经考虑到团队状况，给他制定的目标还是太高了，他们根本无法完成。小张带的团队却完成得不错，甚至超额完成。

我不是不能体谅老陈，于是把老陈团队的任务都给了小张。当然，在老陈的同意下，收益也都给了小张的团队。季度结束后，老陈那边毫无建树，小张那边顺利完成了任务。

本以为事情已经告一段落，但是没想到，小张却跑来找我抗议了。我心想，这次任务完成了，奖金也到手了，他还有什么不满意的呢？我真的弄不明白。

小张刚坐下，开口就是一句："压力太大，顶不住了。"我转头看看远处喜笑颜开的老陈，终于恍然大悟。

老陈的团队放弃收益，不愿意做任何"无用功"，一个新客户都不想开拓。小张开始制订的计划被完全打乱，他们是拼命工作才堪堪完成目标。

这样的安排要是再来一次，老陈的团队怕是要彻底"躺平"，小张的团队也要找我"造反"了。

这让我明白一个道理：这种靠着一方苟且、一方苦撑的策略是行不通的。如果重来一次，我会进行科学计算，合理调配任务，确保既能激发小张团队的潜力，又能让老陈团队保持一点活力，而不是干脆甩手不干。

为了不再踩同样的"坑"，我在管理工作中总结出"三步走法则"，在这里分享给大家，希望对你有所帮助。

目标制定的"三步走法则"

能者多劳 → 有所成长 → 指向清晰

♥ **第一步：明确能者多劳。**

先说一个基本的管理道理：每个团队的能力不同，目标分配自然不能"一刀切"。你得像精明的厨子那样，斟酌每个团队的特点，精细化地分配任务。这个过程不仅仅是"给强者安排更多的工作"，而是要"科学地评估他们的负荷和潜力"。必要情况下，打散固定团队，重新优化组合也是不错的办法。这样分配才能让团队更有效率地工作，取得更好的成绩。

♥ **第二步：不管是整体还是局部，要看得见成长。**

制定目标，不是单纯地为了交差。好的目标既要有挑战性，也要合理可行。你不仅要考察团队的执行力，还得让大家觉得自己在不断成长。

这不是只求"结果漂亮"那么简单。即使你的团队成绩再好，也不意味着你的策略就是完美的。环境变化、竞争对手表现都会影响效果评估。你以为实现17%的增长率就可以了，但如果同行业平均增长30%，你的17%其实就是个"笑话"。目标要动态调整，符合市场环境变化，而不是闭门造车、自我陶醉。

♥ **第三步：指向清晰，调整灵活。**

现在到了关键一环——下达指令。指令清晰度是影响执行效果的重要因素。那些模棱两可的目标指令，简直是在给团队"挖坑"。比如，"本月获得100万元销售额"，很好听是吧？但这句话说出来，团队成员心里估计都在嘀咕：怎么达成？拉新客户？增加老客户复购？降本增效？具体操作呢？

作为管理者，你必须确保每项指令都具备清晰的指向性，哪些部分需要你亲自跟进，哪些部分要交给团队执行，都需要明确。而且，执行过程不顺利时，你必须及时调整，不是什么计划都能一蹴而就。

课后总结

1. 一步错，步步错，制定目标从第一步就要踩准。
2. 缺少明确路径的目标，只是空中楼阁。
3. 制定目标没章法，团队只能在迷雾中摸索。
4. 设定清晰的目标，才能让每一步都迈得坚实有力。

团队赋能：
帮助下属制定靠谱的阶段目标

带着问题学管理

1. 在设定阶段目标时，你是否确保目标具有可行性和挑战性？
2. 你是否能提供必要的资源和支持，以帮助下属实现目标？
3. 你是否定期与下属回顾目标进展，并给予及时反馈和调整建议？

作为管理者，我们都明白制定目标的重要性。但仅有一个远大的"终极目标"是不够的，阶段目标才是实现终极目标的关键一环。终极目标固然指引了方向，阶段目标则是帮助下属一步步登上"山巅"的台阶。没有这些台阶，团队成员很容易被遥不可及的目标吓住，觉得目标太远、太高，不知怎么开始，以至于慢慢丧失信心，甚至迷失方向。

小陈是我手下的一个项目经理。刚入职的时候，他做事充满干劲，目标明确，斗志昂扬。然而，他很快就遭到"现实的洗礼"。当时他负责一个技术开发项目，客户需求复杂多变，完成时间又非常紧迫。

起初，小陈表现得非常自信，雄心勃勃地制订了一系列看似无懈可击的计划，目标直指项目最终交付。但是三个月过去了，项目不仅没有明显推进，反而出现资源分配不当、沟通不畅的问题，整个团队也因目标模糊而情绪低落。

看着小陈一脸沮丧，我约他聊了聊。他感叹道："我每天都在拼命工作，但总感觉方向不明确。"听了他的话，经过一番分析，我发现他的主要问题不是能力不足，而是目标设定得过于宏大，缺乏明确的阶段性步骤。于是，我决定帮助他重设目标，并通过更细致的阶段性规划推进项目。

一气呵成地完成复杂的项目固然好，但对于像小陈这样缺点儿火候的执行者，一步一步来才是王道。

我们先为第一个阶段设定了具体的目标和任务，同时清楚地列明可用的资源和能够获得的团队支持。这一下子让小陈心里有了底气。紧接着，我问他对我们这次沟通有什么感受——这一步很关键，很多管理者经常忽略，但其实它决定着你的建议是被理解，还是被当作"耳边风"。

这一步发挥的作用非常大。你给予他的不仅仅是具体要求，更是对他的帮助。他要明白接下来的工作怎么做，需要哪些支持，以及我和团队能提供多少。这是一段有来有往的沟通，并非管理者下达命令、进行批评等单向活动。

小陈终于找到了正确的节奏。他开始按阶段目标行动，合理分配资源，定期反馈项目进展。不久，第一阶段目标顺利完成，接下来的阶段目标推进也一帆风顺，项目最终按时交付。

这件事让我意识到，要让下属有力地推进工作，仅仅给出大方向是不够的。以下三步法是我总结出的经验，希望能帮助你更好地赋能下属，确保目标清晰、可行，易于执行。

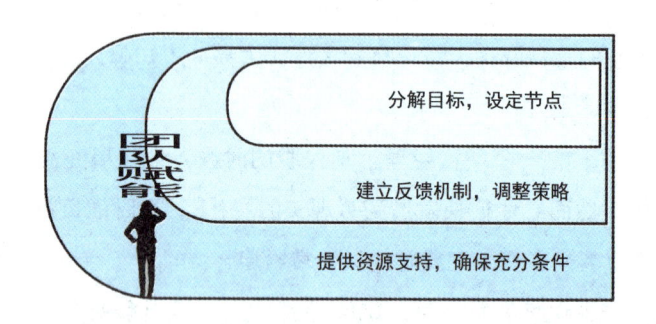

团队人员赋能

- 分解目标，设定节点
- 建立反馈机制，调整策略
- 提供资源支持，确保充分条件

♥ 第一，分解目标，设定清晰的节点

任何终极目标的实现都需要有明确的阶段性规划。仅有宏大的终极目标，往往会让人感到不知所措。管理者必须引导下属把大目标逐步分解成小目标，并确保每个阶段都有明确的时间节点和成果。比如在小陈的项目中，我们将"完成技术开发"分解成"需求确认、技术验证、初步开发、用户测试"等几个步骤，每个步骤都对应具体的任务和截止日期。这种分解让小陈对项目的把控变得更加精准，也让他在每个阶段都有了明确的努力方向。

♥ **第二，建立阶段性反馈机制，随时调整策略。**

设定了目标不等于万事大吉。管理者还需要确保在每个阶段后进行反馈和回顾。小陈最初犯了一个常见错误：他设定了一个大目标后，没有在实施过程中进行回顾和调整，导致项目偏离轨道。作为管理者，我要求他在每个阶段后进行反馈，不仅是自我评估，还要邀请团队成员讨论。这种反馈机制让他能够及时发现问题，并迅速做出调整，避免小问题演变成大危机。

♥ **第三，提供资源支持，确保下属有实现目标的条件。**

即便下属设定了清晰的阶段目标，他们有时仍可能因为缺乏必要的资源而无法推进。小陈在项目实施早期就遇到了资源不足的问题，导致他无法按时完成阶段性任务。作为他的主管，我帮助他协调了更多的技术人员加入，并且提供了更多的预算支持。这不仅帮助小陈顺利推进了项目，也让他学会了遇到困难时及时寻求支持，而不是独自苦战。

课后总结

1. 赋能不是灌输，而是引导下属制定真正可行的目标。
2. 目标不切实际，下属只能陷在追逐中疲惫不堪。
3. 帮助下属定准目标，才是真正的领导力。
4. 阶段目标要精准，才能让下属步步为"赢"。

目标管理：
带领团队实现不可能的目标

> **带着问题学管理**
>
> 1. 你是否能制订清晰的计划，将不可能的目标拆分为可管理的小目标？
> 2. 在面对挑战时，你是否能够激励团队保持积极的心态？
> 3. 你是否会定期检查团队的进展，以确保方向的正确性？

团队不能总是待在舒适区里，想要进步，就要不断突破舒适区，迎接更大的挑战。这就意味着会在很多地方出岔子。这些可能是团队从来没有接触过的，又或者是在过去成功的项目上直接增加难度。

那么，当下属找到你的时候，你要怎么做才能把他们不可能实现的目标逐步变成可能呢？回答这个问题之前，我先说一说自己遇到过的一个案例。

当时，我的团队刚刚经历人员重组，团队重组后的第一个项目，无论是对我还是团队成员，都是全新的挑战。

当时负责推进项目的小赵热情很高，从一开始就带着团队干得热火朝天。看她那样子，我就知道要不了多久她就要来找我解决疑难问题。果然，不到一个星期，她就愁眉苦脸地跑来找我了。

小赵的问题其实不算稀奇，项目推进不顺利，遇到了一些棘手的问题。我让她从头到尾把项目的进展和她的看法说了一遍，帮助她补充了一些没有注意到的点。随后又告诉她，从整个流程分析来看，除了眼下遇到的问题外，她还可能遇到哪些问题。

小赵有些犯难，生怕说多了显得自己能力不足，又怕说少了将来碰到问题不好下台。我保持耐心，不断鼓励她，才让她把一切可能出现的问题都摆出来。随后，我为她提供了以前项目的一些方案。她拿着这些方案，加上我为她提供的帮助，顺利完成了她之前觉得肯定完不成的项目。

这听上去很简单，其实操作起来也不难。主要是因为，在这个流程里，包含了以下三个关键点。做到这三点，你就能帮助下属完成那些看似不可能的目标。

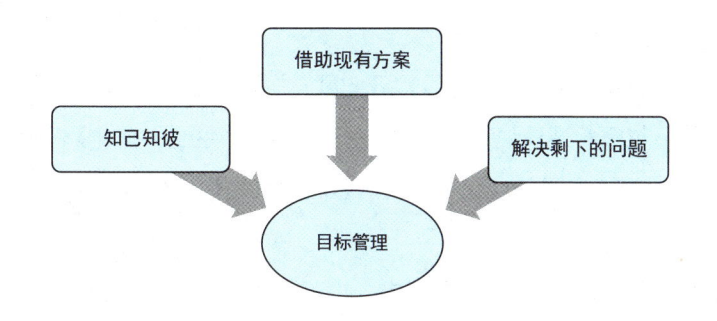

```
          借助现有方案
知己知彼              解决剩下的问题
          ↓
       目标管理
```

♥ **关键点一：知己知彼。**

工作有热情是好事，但像小赵这样，拿到项目就一头扑上去，按照流程一步步往下做，难免会遇到困难。遇到困难再解决，看似和将问题统计出来想解决方案再进行处理差不多，实际操作上带给人的心理感受完全不一样。

我让小赵先跟我过一遍项目，讲讲看法，就是要做到知己知彼。项目的最终目标是什么，当前情况如何，遇到了什么问题，可能会遇到什么问题……当这些都被列出来以后，后续行动起来就会很流畅。

♥ **关键点二：借助现有解决方案。**

不要以为每个新项目都是"开天辟地"。其实，大部分项目中的难题，多多少少是可以从过去的经验中找到影子的。世界上的新鲜事很多，但你接手的这些新项目，能有多少是全新的呢？多半不过是旧问题换了个"新马甲"。

当时，我拿着小赵做的方案问她："这个跟你做过的方案有什么不同？这个问题在另一个方案里也出现过，你当时是怎么解决的呢？"

重新回顾几个方案后，小赵就删减了"可能遇到的问题"栏内的项目。很多时候，经验比想象的有用。当她穷尽使用过的方案后，将来遇到的问题就会越来越少。

♥ 关键点三：由管理者解决剩下的问题。

作为管理者，你不要做甩手掌柜，让下属自生自灭，而是帮助他们攻克那些他们"无解的难题"。下属遇到问题，不是你看热闹的时候，而是你展示管理能力的时机。

解决了小赵提出的部分难题后，我问她："你感觉还能完成多少？60%，还是70%？"小赵很实诚地说："我觉得自己可以搞定80%，对于剩下的难题，还没有头绪。"听到这个回答，我心里很满意。如果她说只能搞定40%，这个项目就得慎重考虑了。

对于她能够搞定的80%的难点中，小赵向我分析了具体情况：有些需要其他团队的协同帮助，有些是存在资源不足的问题，还有少许技术难题可能需要更多的时间来攻克。需要协同的，我就和其他部门商量，需要资源的就给资源，流程顺利的话时间也能盈余，不妨就用来攻克技术问题。

课后总结

1. 所谓不可能，只是领导者勇气的试金石。
2. 带领团队冲破极限，靠的不是幻想，而是行动力。
3. 目标再高，也抵不过一个敢于冲锋的团队。
4. 完成不可能的目标，从敢于直面挑战开始。

行动方案：
帮助下属找到正确的下一步

带着问题学管理

1. 当下属遇到瓶颈或迷茫时，你应该如何帮助他们找到前进方向？
2. 在帮助下属时，你如何避免他们陷入迷茫或拖延的状态？
3. 为什么制定具体的行动方案对执行任务至关重要？

我们常说"万事开头难"，但实际情况是：不仅开头难，中间也难，结尾更难。想向前迈一步，有时比登天还难。这种"卡壳"状态在管理工作中是家常便饭：下属可能会遇到无法攻克的难题，或者担心前方埋伏着看不清的陷阱，再或者是在某个分岔路口迷失了方向，难以抉择。这时候，作为管理者，我们需要制定行动方案帮助下属找到正确的下一步。

一次，我们合作的一个大客户临时提出一个要求，让我们在两周内完成一份针对某个新市场的详细分析报告。这份报告要求数据翔实、分析透彻。因为它将直接影响到我们正在合作的另一个重要项目，所以我把这个任务分配给小林负责，她是我们团队中较为资深的成员，表现一直非常出色。我对她很有信心，相信她能够顺利完成任务。

任务开始后，小林一如既往地认真投入，和数据分析组、市场研究组密切合作，尽可能地收集翔实的数据。然而，几天过去了，我发现小林的进展明显放缓，任务似乎停滞了，她看上去越来越焦虑。

终于，小林来找我了。她坐在我的对面，深吸一口气，然后说："老大，我现在有点儿乱。我收集了很多数据，但不知道该如何下手分析。我怕我再拖下去，整个报告就做不出来了。"这时候，她的表情里除了迷茫，什么都没有。

我没有立刻给她答案，而是让她详细地讲述自己现在的困境。她花了将近十分钟，把收集到的各种数据、她的思路，以及觉得棘手的部分一一梳理了一遍。听完后，我知道问题的症结在哪里了——小林陷入数据过载的状态。她拥有了大量信息，却没有找到一个清晰的分析路径。

为了帮助小林解决问题，我运用以下三步骤法引导小林明确下一步要做什么。

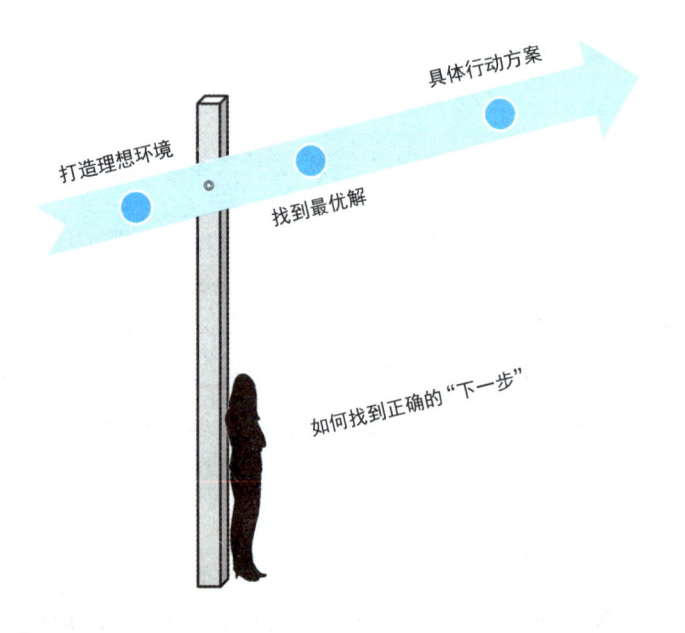

具体行动方案

打造理想环境　　找到最优解

如何找到正确的"下一步"

♥ **步骤一：打造一个理想的环境。**

拥有足够的数据却没有一个解决方案，那就说明每个方案都有难以处理的地方，面临难以攻克的难关。要是有一个理想的环境呢？就如同物理学中经常提到的"绝对光滑没有阻力"的平面。这时候，每条路都能走得通，不存在任何障碍，不存在克服不了的问题。

在理想的环境里，任何方法都不会受阻，可能出现的办法就会越来越多。没有束缚的小林迅速地提出大量的方案，有些执行起来很困难，有些几乎不可能完成，有些则完全是异想天开、天马行空，我看她差点儿就要许愿让流星帮她完成报告了。

♥ 步骤二：重新排列组合，找到最优解。

在理想环境中，小林天马行空地提出很多方案，但现实中，完美的解决方案并不存在。有的方案看起来不错，但实施起来成本太高；有的方案比较理想，但在关键环节却无法落地；有的方案倒是能够执行，但需要的资源让人望而却步。

这些方案都不算最佳方案，又有可取之处，如果将它们扬长避短组合起来，是不是就有了一个耗费最少、难度最小、速度最快的解决方案呢？当然不是。在执行之前，我们没有办法判断哪个才是最理想的，只能判断哪个相对合适。

于是，我问了小林几个问题："你觉得哪个方案能够马上上手？""完成以后，效果足够好吗？""其中的困难，你会怎么解决呢？"

♥ 步骤三：提供具体的行动方案。

找到大方向不代表一切就能水到渠成。要让项目顺利推进，还需要制订具体的行动计划。我问她："接下来，你打算怎样分配时间？哪些任务可以并行推进？需要什么资源？有多少是现成的？出现问题时，有什么预案吗？"

当将这些问题想清楚以后，你才能付诸行动。否则，即便已经有了确定的方法，执行时难免出现混乱，浪费时间。

课后总结

1. 下属迷茫时，领导的指引才是突破的方向。
2. 找到正确的下一步，比盲目拼命更重要。
3. 领导的价值不在于命令，而在于指明方向。

闭环管理：
监督下属不再是负担

带着问题学管理

1. 作为管理者，你如何有效监督下属而不破坏他们的主观能动性？
2. 你如何帮助下属在面对困难时寻求支持，而不是放任他们自行解决？
3. 在提供支持后，你如何确保下属的项目进展符合预期？

监督下属最怕的是什么？是下属突然有了自己想法？当然不是，下属有自己的想法可能是坏事，也可能代表着成长。是下属总是出错，让你一而再，再而三地去帮忙处理？这虽然麻烦，但谈不上最坏，大不了给他换岗，慢慢栽培。是害怕下属把一切都做好，显得你很没用？别开玩笑了，下属要是能处理好所有的事情，管理者该乐坏了。

监督下属最可怕的不是下属什么都懂、什么都不懂，而是怕下属不懂装懂。让他自己动手，卡住了还要硬撑，死活不肯认错，生怕你看不起他。

几年前，我在做一个涉及多个部门协调的大型项目时，就遇到过这样的问题。当时，那个项目涉及市场推广、产品开发和销售跟进等多个环节，任务量非常大，交期紧张。小张作为团队的项目经理，负责统筹各个环节。刚开始的时候，他信心满满，对自己能够独立管理这个项目非常有信心。我看他干劲十足，也没有过多介入，希望能给他更多发挥的空间。

然而，事情没有像预期的那样顺利进行。项目启动后的第一周，小张就忙得焦头烂额，经常加班处理各个部门的需求，甚至时不时还要亲自解决一些技术问题。我发现，项目进展越来越慢，很多环节信息传递不畅，部门之间的沟通出现严重的延误。

再让小张自己干下去，项目恐怕就要推进不下去了。但是如果我贸然插手，包办一切，不仅小张得不到成长，我这个"保姆"以后可能还要继续干下去，岂不是失去管理本身的意义？于是，我将闭环管理的办法用到了小张身上。总体来说，可以分成三个步骤。

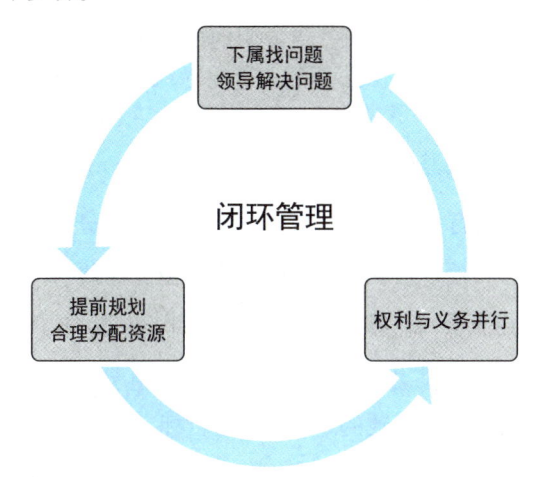

```
                  下属找问题
                  领导解决问题

                     闭环管理

   提前规划                      权利与义务并行
   合理分配资源
```

♥ **第一步：由他来找问题，由我来找办法。**

当下属的工作推进不下去时，管理者的首要任务不是接管工作，而是让他们自己找出问题。你直接把事情接过来，只会让他们失去主动性和责任心，觉得反正出事了有你兜底，他只需执行，当个提线木偶就好。

于是，我问小张："工作卡在哪里了？"他一脸焦急地告诉我，自己既要解决技术问题，还要沟通协调各个部门，结果事情越来越乱，进度自然就拖后了。

我接着问他："你觉得该怎么解决呢？"小张提出，他需要技术人员的支持，这样他能专心负责沟通和协调工作。

听完他的建议，我觉得还算明智，立刻给他调配了几位技术人员，第一阶段的问题就这样解决了。

♥ **第二步：提前规划，合理分配资源。**

帮助下属解决完问题后，我的任务还没有结束。接下来，要让下属明白，这不是特殊情况下的特殊处理，而是一种正常的管理方式。你要告诉他："接下来不管你走到哪一步，碰到什么难题，都可以按照这个流程，要提出问题，支持才会到位。"

小张完成项目第一阶段的任务后，很快领悟到这个道理。他开始提前规划，主动跟我商量接下来的方案，看看哪些需要支持，哪些可以自己解决。看到他主动寻求帮助，提前设计，我很满意。这说明他已经充分明白资源合理分配和计划的重要性。

♥ **第三步：权利与义务是并行的。**

为了让项目顺利进行，管理者有义务为下属提供帮助和支持，同时也有权利知道给予帮助与支持后项目进展是否真的如预想般那样顺利。一旦出现问题，不要马上追究责任，更不要说："你需要的支持我都提供给你了，你为什么拿不出我要的东西呢？"

管理者与下属的目标是一致的：实现项目目标，个人获得成长，最终为整个团队赋能，帮助团队获得提高。即便因为下属犯错而出现问题，管理者也要以解决问题为第一要务，而不是追究责任。即便有问题，也要先看看怎么补救，然后再讨论究竟出了什么差错。

课后总结

1. 管理不闭环，团队的问题永远纠缠不清。
2. 闭环不到位，监督就像无效的拖累。
3. 闭环管理是为了效率，不是为了监控。
4. 没有闭环的监督，只会让领导和下属都疲惫不堪。

KPI 难题：
为什么你设计的 KPI 是摆设

带着问题学管理

1. 你是否在设计 KPI 时考虑了团队实际工作中的关键指标？
2. 你是否确保 KPI 与公司的整体目标紧密关联？
3. 你是否能根据数据反馈，及时调整 KPI 以保持其有效性？

KPI 是提高团队效率、增强团队凝聚力的重要抓手，也是分配团队收益重要的指标。KPI 设计得合理，团队成员就有激情，对未来也有盼头。

KPI 设计得不合理，对有些人来说就形同虚设，怎样做都拿不到更多的收益。这个时候，他不仅没有了继续前进的动力，还会心生怨愤，觉得是管理者故意刁难。对于另一些人，不合理的 KPI 是有空子可钻的，他们总能找到办法从中谋利，变成团队蛀虫。

这些年，每接手一支新团队，我都会提前评估该团队当前的情况、以往的状况，两相比较，看看问题出在哪里。因为 KPI 设置有问题而崩溃的团队并不罕见，我在这里主要介绍一个案例，看看 KPI 设计得不合理，是如何让一个团队从欣欣向荣走向崩溃的。

我的学员老张是某地一家酒水企业的市场经理，主要负责宣传和营销。该品牌刚刚成立不久，产品质量过硬，在当地，资本也算雄厚。因此，他一开始就尝试用较为激进的方式，利用大量宣传和折扣来占领本地市场。

老张给宣传部门制定的 KPI 是：投放数量要多，投入成本要低，两者要相结合；给营销部门设置的 KPI 标准简单粗暴，销量为王，哪个组销售额多，哪个组的绩效就高。

一个季度以后,那几个"业绩"惊人的员工纷纷拿着奖金辞职了。老张觉得不对劲,才去查了一下他们投放的报刊究竟是什么。原来,有不少是刚刚开办不久的免费刊物,名不见经传,内容不好,根本没有人看,也就谈不上转化率了。员工商谈的条件也是先免费或者低价刊登 1～3 个月的广告,看效果再续订。

这些宣传没有任何帮助,客户自然不会再续订。辞职员工拿到的提成数额不菲,但老张并没有过于在意。真正让他难受的是,他错过了宣传的最好窗口期,白白浪费了时间。那么,是什么让老张无暇分身去查看宣传部门的具体业绩呢?他在忙着应付市场部门的事务。

营销部门的员工三天两头就来找老张,而且只有一件事情——促销。前一段时间新品上市时,他们给经销网店的促销折扣是很惊人的,中高端产品硬是以中低端产品的价格销售,销量极佳。但这种类型的促销不能常做,虽然销量好,但盈利只够得上物料成本,算上人工,公司其实是在赔钱。

老张计算了一下,认为虽然是在赔钱,但只要能占领足够的市场份额,前景一定光明。因此,当市场部门的员工三番五次要求老张做促销时,老张大多会应允。营销部门的员工在第一个季度赚得盆满钵满。等到第一个季度过后,老张才发现情况跟员工描述得不太一样。所谓的市场份额,只是在促销的时候才会有,恢复原价后,基本上没有消费者愿意购买。

虽然问题不都出在 KPI 设置上,但不正确的 KPI 绝对是主要原因。设置 KPI 时,我告诉大家三个明显的雷区,希望你能够避开。

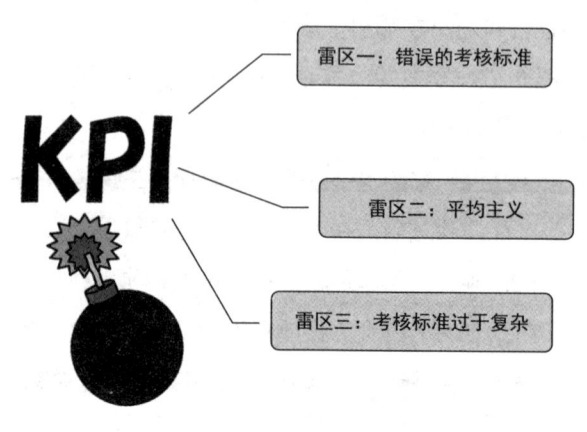

雷区一:错误的考核标准

雷区二:平均主义

雷区三:考核标准过于复杂

♥ 雷区一：设计了错误的 KPI 考核标准。

老张设置的 KPI 之所以没有起到作用，是因为他设置的考核标准是错误的。对于宣传部门全靠广告投放率和推广费用做评判标准，收益在哪里呢？广告的投放是不是有效的？是如何转化成销售额的？这些全然不管，自然会出现人为的虚假业绩。

营销部门只看销售额，全然不考虑利润，不控制预算，在账期不到的时候花团锦簇，账期到了才知道是烈火烹油。

♥ 雷区二：制定 KPI 时运用了平均主义。

不同的部门、不同的员工，应该有不同的考核方式。有人常说，没有功劳也有苦劳，这一点我是认可的。毕竟有些职位的主要任务是给他人做支援，他们不在一线，但一线创造的业绩却与他们息息相关。如果把他们的 KPI 与一线人员一样配置，想要实现可太难了，还会让他们与一线人员离心离德。

♥ 雷区三：考核标准过于复杂。

我有一个做新媒体的朋友，他为员工制定的 KPI 考核项目多达十几个。我当时就笑出声了，问他说："你看你的考核项目，像不像你玩的网络游戏，突然把每周的任务增加到十几个？"他一愣，马上就想起了自己当时是怎么抱怨的。员工不是机器，每个周期里，不是完成多少 KPI，而是完成多少项 KPI，哪里还有足够的精力用于工作和自我提高上。

课后总结

1. 设计的 KPI 再漂亮，没用对就只是装饰品。
2. KPI 失去灵魂，只剩下空洞的数字游戏。
3. KPI 不驱动行为，只会沦为员工眼中的笑话。
4. 如果 KPI 不能落地执行，那它就是纸上的废话。

因材施教：
要有金刚手段，也要有菩萨心肠

> **带着问题学管理**
>
> 1. 为什么同一个员工在不同部门表现差异巨大？
> 2. 管理者如何因材施教，帮助员工成长？
> 3. 如何区分员工表现不佳的根本原因是态度还是能力？

在探讨如何管理下属的时候，管理者经常会产生这样的困惑：为什么有的员工换个部门工作就好像直接换了个人一样，要么忽然从"业绩垫底"成为"业绩标杆"，要么从"职场万事通"变得毫无亮点。你要说他有能力，一到关键时刻一点儿也指望不上；要是说他没有能力，偏偏他在之前的部门里光芒万丈，堪称明星员工。

问题出在哪里？不仅出在员工身上，也出在我们管理者身上。作为管理者，我们不能一味地将知识灌输给员工，有些员工没能做出成绩是因为能力不足；有些员工则是各种各样的原因让他失去对工作的热情；有些员工有能力，也有热情，只是钻进错误的牛角尖，导致不能完全发挥自身的优势。我们要根据不同的情况给出不同的方案，既要有金刚手段，也要有菩萨心肠。

我有位朋友小李，是一家初创公司的创始人。有段时间，他感到非常焦虑，因为他手下有个员工小张，工作效率始终跟不上团队的节奏。尽管小张一直很努力，但总是无法在规定时间内完成任务。小李忍不住严厉地批评了小张几次，甚至一度想要辞退小张。

在我看来，这个问题的关键不在于小张不努力，而在于小李没有找到合适的方式来教导他。每个人的学习和成长方式不同，你需要因材施教，而不是一味地用强压去推动。我建议他们进行一次深入沟通，了解员工的实际困难。结果发现，员工对某些技术细节掌握得不够好，所以执行过程中反复出现相同的问题。

这个问题，就可以通过"教"而不是"压"来解决。说得通俗一些，这位员工需要的是赋能，而不是激活。

因材施教，就我个人的经验来说，重点在于材，而不是教。很多时候，对员工的错误认知才是导致员工出现状况的根本原因。以下三个重点，是管理者"教"之前要弄清楚的。

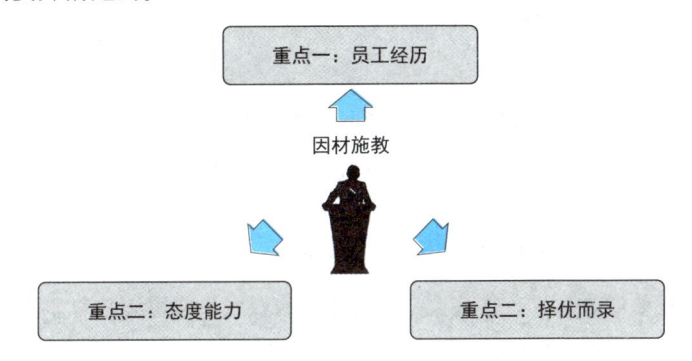

```
                 ┌──────────────────┐
                 │ 重点一：员工经历 │
                 └──────────────────┘
                          ↑
                      因材施教
                     ↙         ↘
┌──────────────────┐         ┌──────────────────┐
│ 重点二：态度能力 │         │ 重点二：择优而录 │
└──────────────────┘         └──────────────────┘
```

♥ 重点一：员工经历了什么。

管理者往往不会太过注意员工之前的经历，即便招收新人，查看简历，注意点也是对方在哪里工作过，有怎样的技能，接受过怎样的教育。进入团队后，更在意的是他的能力，而不是之前的经历。英雄莫问出处，我也明白这一点。

但是，员工的表现往往与其经历密不可分。我就遇到过一个从其他部门调派来的员工，之前参与的项目之大，成绩之好，可谓是精英中的精英？几次与他沟通，他都是寡言少语。等到出业绩的时候，表现也是平平。我感觉很奇怪，便跟他之前的团队打听了一下，才知道他之所以调到我这边来，是因跟之前的上司理念不合，爆发了一次激烈的冲突。

我明白，这位员工不是没本事，而是没了心气。估计此时已在着手找下家了。但毕竟在公司也工作了这么多年，多少也是有感情的。于是，我找他长谈了一次，打开了他的心结，很快他就找回了状态，也成了我的左膀右臂。

♥ **重点二：态度与能力不可判断失误。**

最让人难以忍受的是什么？不是痛苦，不是打击，不是失败，而是冤枉、委屈。很多管理者认为年轻人难以管教，易发生冲突，往往就是因为这个。很多年轻人、刚换岗位的新人，别管工作做得好不好，热情都是有的。只是有时表现可能不那么尽如人意，管理者就将其原因归咎于态度。

"这么简单的工作，你都干不好？偷懒了吧？不努力是吧？年轻人怎么能不努力呢？我像你这个岁数的时候……"这些话说出口以后，员工就变得很难管理了。做不出成绩，他本身已经很沮丧了，管理者又在他最努力的时候指责他，无疑是否定了他的所有价值。

别觉得努力就一定能成功，管理者要当员工的导师，为员工赋能，帮助员工快速成长。而不是站在高处指指点点，否定他的价值。

♥ **重点三：不是所有的人都有"抢救"价值。**

管理者想要做导师，有些甚至是怀着"治病救人"的想法做的。我觉得，这非常不值得。有些人既然没有拼劲，也没有能力，不打算学习进步，也不打算做出成绩，当一天和尚撞一天钟，"混"字当头，你刺激他，给他压力，他不为所动。你教了那么多，他也没有长进，把他换掉，招聘更合适的人，才是真正对团队负责。

课后总结

1. 光有菩萨心肠，带不出敢打敢拼的团队。
2. 因材施教，不只是柔情，更是狠下心的磨炼。
3. 没有金刚手段，善意只会变成纵容。
4. 教导下属，不仅要有温柔的心，更要有果断的手。

第五章

人才培养与"牛人"选拔：
点石成金的艺术

团队培训：
建立独有的培训体系

带着问题学管理 ....

1. 为什么仅靠管理者的个人能力无法培养出大批优秀的下属？
2. 在建立培训体系时，你是否考虑到不同员工的学习风格和节奏？
3. 你是否定期评估培训效果，以不断优化培训内容和方式？

管理者单纯依靠猎头招聘很难获得忠诚又符合团队文化的员工，加之任由员工自己成长，可控性极差。想要获得优秀的人才，管理者必须建立一套独有的培训体系。到时候，新员工可以在你身边获得成长，老员工也能更进一步，何乐而不为呢？

先讲一个负面例子，这件事情发生在我之前的同事老杨身上。老杨个人能力出色，工作投入，性格严肃。他并非不愿意花时间培养下属，但他负责一个团队四年多，一个像样的下属也没有带出来。部门一旦离开他，效率马上就降低了。

老杨对这种情况也深感诧异，用他的话说："这么多年，仅仅是看我怎么工作，也应该有几个不用我操心的人吧？"

事实是，一个都没有。问题出在哪里呢？我对老杨"带新人"的方式进行了观察。

一段时间后，我总结出以下几个问题。如果各位身上也有类似情况，可能它们就是阻碍你培养出人才的原因。

第五章 人才培养与"牛人"选拔：点石成金的艺术

人才培养"雷区"：
- 问题一：缺重点
- 问题二：少流程
- 问题三：心太急

♥ **问题一：缺重点。**

工作流程中，重点环节必不可少。管理者在培训新人的时候，是不会缺少对于重点内容的讲解的。这里的重点，主要体现在一些工作细节上。

很多经验丰富的管理者已经习以为常的事情，对于新人来说，他们完全不明白重点在哪里。有些环节很没必要，却在上面花费许多时间。有些环节明明是关键内容，却被视为和其他环节差不多，没有重点关照，完成度不足。

例如，老杨告诉下属联络重要经销商，准备在月底开个会议，下属将重点放在月底开会这件事情上，并以发布通知的形式拨打电话。实际上，这次会议是邀请，弄得几个大的经销商莫名其妙，对公司做事方式非常不满。

♥ **问题二：少流程。**

不同的工作有不同的流程，新人在工作的时候，要严格按照规章制度进行，才能保证不出现错误。但是否有流程能合并甚至省略呢？当然有，而且很多。当你摸透要进行的工作时，自然可以化繁为简，让工作更简单，提高工作效率。

老杨在带新人的时候，事事都以身作则。还是那句话，光是看都应该会了。然而，新人不懂为什么这一步可以省略，这两个工作可以一起开始，这几个步骤可以合并成一个，到时候只是依样画葫芦，出现错误的概率就大大提高。

培训新人的时候，可以以身作则，但轻易不要省略工作流程中你觉得可以省掉的部分。新人不熟悉工作，不知道在什么情况下可以省略某个流程。跟你做同样的工作都有可能出问题，更何况是做其他的工作。他以为他学到了高效工作的办法，实际上是形成了一种糟糕的工作习惯。好好的苗子，就因为学你长歪了，你说可不可惜。

以身作则，就要做个好榜样。要求下属按照流程步骤做事，是做好工作的第一步。至于将来他在工作中摸索出更好的经验，掌握了更高效的办法，那是他的成长。

♥ 问题三：心太急。

错误的工作往往不只是一个环节有问题，虽然有一步错、步步错的情况，但还是要看到最后、教到最后，让下属真正体验到正确的流程应该是什么样的，错误流程的结果如何，才能根除弊病。

我亲眼看见老杨在纠正下属错误、排查流程的时候，刚刚看到苗头就已经皱眉，等错误出现时马上就提出来，要求对方改正。这个下属也是行动力惊人，马上就去改了。过了一段时间，这个问题纠正了，结果还是错的。老杨又带着他排查，找到了另一个问题。

眼看老杨又要纠错，我赶紧叫住他。重新走一遍流程，还有错的话怎么办？走第三次吗？咱们还是先排查完问题，再给他一个正确的流程吧。要是还不行，再查漏补缺。

果然，又找到两处问题，其中一处涉及不合规操作。员工再操作一次，结果还是错的，还有其他疏漏。这次只能说幸好提前排除一些表面问题，否则情况不知道要混乱成什么样子。

课后总结

1. 培训没有章法，学得再多也是纸上谈兵。
2. 建立体系才能让培训成为战斗力的源泉。
3. 培训做不到系统化，团队只能原地踏步。
4. 培训体系的缺失，只会让团队变得零散无力。

培训调研：
精准找出"业绩疲软"的原因

带着问题学管理

1. 你是否通过数据分析确定业绩疲软的具体指标和趋势？

2. 如何避免因管理者的误判造成不必要的浪费与损失？

3. 在发现问题后，你是否迅速采取措施进行调整？

任何事业都不可能一帆风顺，管理者也有遇到难以跨越的障碍的时候。下属不可避免的会有各种各样的状况，导致做不出成绩，拿不出业绩。我们说过的老杨，就是一个绝对撒不开手的"掌柜"。他年假不敢休，生病不敢住院，乘坐长途客机时比任何人都激动，因为这是他少数能彻底抛开工作、集中放松的几个小时。

老杨的问题出在哪里？就是因为团队离开他，业绩马上就下来。他不仅在为公司做牛马，在为自己做牛马，也在为团队做牛马。我调侃过他，说他干脆改名叫老牛算了。

老杨知道这样下去不是办法，但对于培训员工有诸多顾虑，有不少心结打不开。例如，他总是担心"教出徒弟，饿死师父"，即便对方没有将自己取而代之，跳槽也很让他伤心。

我直接告诉老杨，他陷入了"丑男悖论"。一些女孩认为，那些其貌不扬的男性受到的诱惑较少，会更加珍视自己。那么，事实真的如此吗？当然不是，人品并不与相貌直接挂钩，出现背叛的概率也不受容貌的影响。因此，想要找个更珍视自己的人，归根究底是要找个好人，而不是丑人。

培训员工也是如此，他的能力好坏与他是否跳槽并不直接相关。跳槽之前，你希望团队里的员工是有能力，还是没有能力？

老杨听完茅塞顿开。我和他讨论了几个找出员工"业绩疲软"原因的办法，提供了一些培训方向，以及以下几个需要注意的要点。

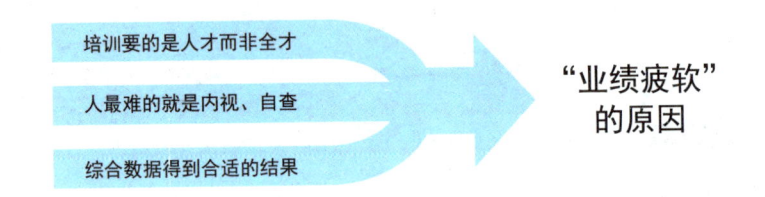

```
培训要的是人才而非全才  ┐
人最难的就是内视、自查  ├──→  "业绩疲软"的原因
综合数据得到合适的结果  ┘
```

♥ 第一点：培训要的是人才而非全才。

不只是老杨，很多管理者培训员工的时候有一个误区：想要从心态、工作能力、沟通能力等方面把员工打造成全才。且不说这样操作有多大难度，实际上这种做法有必要吗？

例如，老杨认为，他们团队的 UI 设计心态不好，过于内向，每天坐在工位上，工作也好，休息也罢，没必要时不与他人闲谈。这样的心态，怪不得业绩提不上来，效率上不去。

老杨的话让我更加糊涂。这是要让 UI 设计去拉客户吗？还是需要他去协调各部门之间的合作呢？他能听懂需求，他的反馈你能听懂，就说明他的心态对于工作没有任何不良影响。

之所以工作效率上不去，完全是因为他的能力不够。想办法把他培训成一个善于沟通的员工，不如让他提高业务水平。如果问题出在其他方面，那就做一下调研，看看问题到底出在哪里。

♥ 第二点：人最难的就是内视、自查。

管理者培训员工之前，要先知道对方究竟是哪个方面不足才导致"业绩疲软"。你问他本人，他能说出什么来吗？说自己的能力不够，不能胜任这份工作？先不说他自己是否知道问题在哪里，即便知道，也不会直白地告诉你。

管理者在对员工进行调研的时候，要从多方面考虑问题。下属究竟掌握了哪些技能，与他合作的同事认为他在哪些方面有不足，人事又是怎么看待他的优缺点的……结合自己的观察，管理者不难得出一个比较公允的结论。

♥ **第三点：综合数据得到合适的结果。**

数据是客观的、冰冷的，不受情感影响。人会因为好恶说出一些偏离事实的话，而数据不会。收集了诸多受训人员的信息后，加上数据，真正的问题将一目了然。

这个时候再进行培训，并结合培训后的数据进行观察，培训是否有效果，受训员工是否有潜力，就显而易见了。

课后总结

1. 找不到病根，再多的培训都是不对症。
2. "业绩疲软"不是偶然，精准调研才是破局关键。
3. 业绩下滑的背后，有着你未曾挖掘的真正原因。
4. 培训不对症，努力再多也提高不了业绩。

人才复制：
如何从 60 分变成 80 分

带着问题学管理

1. 你是否有明确的标准来评估员工的潜力和提升空间？
2. 在员工成长过程中，你是否提供了持续的支持和反馈？
3. 你是否愿意为员工的提升投入时间和资源？

天赋存在的观点已经得到越来越多人的认可，天才与普通人之间的差距往往是努力所不能弥补的。但问题是，有些人把这种认知当作"摆烂"的借口："我就这水平，再努力也是这样。"

这种想法纯属无稽之谈。在我的职业生涯中，我接触过不少人，他们之所以没有达到巅峰，是因为"自己还没有使出全力"。你现在只有 60 分，不代表你只能停在 60 分，让你跳到 90 分确实难，但通过系统化的培训，把 60 分的人培养到 80 分，绝对不是天方夜谭。

我们在管理团队的时候，自然渴望团队里都是优秀的人才。但一个个去挖、去找，成本实在太高，操作起来也麻烦。真正的好办法，是将员工从 60 分变成 80 分。

三年前，我从前公司跳槽到现公司的时候，接管了一支新团队。新到什么程度呢？办公室是新的，办公用品是新的，就连团队里的每个人都是新的。此时我急需带领团队做出点成绩来，培养一批能正确做事的人才。

于是，我开始研究他们的能力、性格、优缺点，以及拥有的技能，打算手把手地教会他们。即便我把所有的精力都投入这项"伟大"的事业中去，时间也不允许我这么做。把所有的人当成提线木偶，让他们一步步按照我的指示去做，效果都比这要好得多。

在我转换了想法以后，发现这些新人连当提线木偶都不合格。即便我一步步地指示，他们依旧会出现大量错误。于是，我再次转变想法。在时间紧迫的状况下，我需要大量可用的人才。他们不需要太好，只需要达到70分、80分的水平就完全足够了。

80分的人才，讲究的是个"经济适用""量大管饱"。按照培养精英骨干的方式培训他们，显然不是合适的，时间和资源都不允许。于是，我想到一个办法，将其称为人才复制。这个方法重点要抓三个方面。抓好这三个方面，员工可能没有多出彩，但一定能提高业绩，减少错漏。

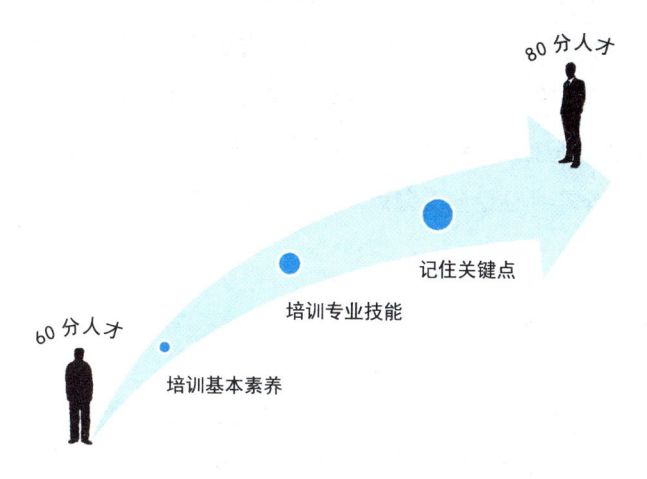

♥ 第一个：培训基本素养。

大部分人在学校里学过一些基本知识和技能，但通常无法直接将其应用到实际工作中，有些知识甚至早就被遗忘了。我们需要培训的不是那些高深莫测的技能，而是基本的工作素养。这是形成其他能力的基石。

我就遇到过一个下属，每次要她做报表都能错漏百出，速度又慢。不管你怎么催促，她都完全快不起来。后来，我从其他同事口中得知原因，是她不能熟练地使用办公软件。看着她一边计算数字，一边一个个地将其填在表格里，真是又好气又好笑。

♥ 第二个：培训专业技能。

这方面的培训非常有实用性和针对性。就拿销售来说，针对大客户如何沟通，商务谈判有哪些可用的小技巧，这些都是从书本上不能完全学到的东西。许多技巧是从如山如海般的经验中总结出来的，还有很多是灵光一闪。

员工经过基本培训后，这一步能帮助他大大提高个人能力，提升业务水平。如果真的有员工天赋异禀，直接超过导师并非不可能。即便天赋不那么过人，他也能通过这方面的培训提高能力。仅仅是照猫画虎，就已经比原来的 60 分要强不少。

♥ 第三个：记住关键点。

培训不总是充满乐趣，尤其当你面对那些晦涩的专有名词、复杂的数据和枯燥的理论时。与其强行灌输一堆不易理解的概念，还不如挑出几个关键要点，精简内容，让员工只记住重要的几点。这么做虽然看似简单粗暴，但在一些任务中，只要他们能牢牢抓住这些关键点，工作就不至于出现大纰漏。

课后总结

1. 60 分的人不是天生平庸，只是缺少打磨。
2. 从 60 分到 80 分，靠的是精准地雕琢和提升。
3. 没有持续锤炼，再多潜力也只是空谈。
4. 想让 60 分的人蜕变，就必须拿出磨砺他的决心。

经验萃取：
个体优秀，团队却"拖后腿"，怎么办

带着问题学管理

1. 你是否分析过个体优秀与团队整体表现不佳之间的原因？
2. 你是否定期组织活动，促进个体之间的协作与交流？
3. 当优秀成员无法带动团队时，你是否考虑调整角色或重新分配任务？

我们常说团队应该有"头羊效应"，有了一个"领头羊"，就应该带着其他人一起冲锋，推动整个团队前行，最终共享成功。现实却往往让人头疼：那些优秀的个体越来越优秀，团队反倒没有跟上节奏，甚至还可能成为"绊脚石"。

这种现象其实并不少见。很多时候，个体的优秀不等同于团队的成功。一个能力超强的员工，如果缺乏与团队的协作精神或缺乏传授经验的意愿，那么再多的个人成就也难以转化为团队的共同胜利。

我们公司销售部门的销售冠军小刘，连续几个季度都是"销量之王"，业绩如日中天。按理说，作为部门的明星员工，他应该是整个团队的驱动力，带领大家一起冲刺更高的目标。可实际情况是，小刘的个人业绩越做越好，整个团队的士气却一路走低。其他同事干脆"躺平"，觉得小刘的成功跟他们毫无关系，心态消极，部门的整体业绩呈现出"疲软"的态势。

问题根源其实很简单：小刘的个人成功没有转化为团队的成功。他始终保持"单打独斗"的姿态，不愿分享他的经验和方法。他总是觉得自己的"独门秘籍"不该让别人知道，怕别人学会后抢了他的风头。这种心态在工作中很常见，但放在团队里，问题就大了：一方面，小刘孤军奋战，难以获得团队的支持和协同；

另一方面，其他同事看着他"光芒四射"，心生畏惧，觉得自己永远达不到他的高度，干脆选择得过且过。

团队内渐渐形成一种尴尬的局面：小刘业绩依旧光彩夺目，但整个团队的协作效率却在不断下滑。这时，我意识到，如果不及时解决问题，小刘的孤立状态不仅会损害整个团队的士气，还可能进一步阻碍他的发展。于是，我决定为团队制定一个工作流程，帮助大家从小刘的成功中萃取出经验，形成整体进步的机制。

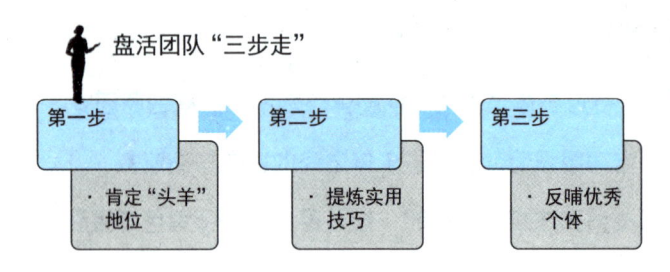

盘活团队"三步走"

第一步	第二步	第三步
·肯定"头羊"地位	·提炼实用技巧	·反哺优秀个体

♥ **第一步：肯定"头羊"的地位与不可替代性。**

小刘之所以难以融入团队，拒绝分享经验，很大程度上是因为害怕"泯然于众人"，自己不再是最优秀的，进而失去利益和地位。既然他有这样的担心，我就有必要打消他的这种担心，跟他进行一次谈话。

我找到小刘，问他成功的诀窍是什么。对于我，他很放心，甚至在讲述的过程中，还颇有些自我展示的意味。这个时候，我对他说："你觉得你的办法别人能学会吗？"小刘想了想，他能够获得成功，确实有些个人独特的因素，包括他优秀的口才、出众的情商，以及能轻易给人留下好印象的外表。

即便他将全部经验分享出来，也不意味着团队中的每个人都能像他一样成功。随后，我又肯定了他在团队中的领头地位，希望他能够带领团队共同进步。毕竟把"蛋糕"做大，每个人才能吃到更多。

♥ **第二步：提炼那些谁都能用的技巧。**

小刘能成功的一大原因是他的高效，他拜访客户的数量、成功率都比其他人高。他使用的办法并不难，无非是磨刀不误砍柴工，将拜访客户流程化。针对不同的客户，使用不同的话术，这是一项常见的技巧。

但是，设计精巧的话术，你在一天里能准备多少呢？即便你已经有了一些成功的经验，就能保证面对每个类型的客户都找到合适的话术吗？对客户类型的判断就不会出错吗？

小刘会将客户划分成不同的类型，准备好话术以后，将同地区、同类型的客户集中时间拜访。这样在话术上不会出现混乱，甚至在同一天里会愈发流畅。仅仅是这一点，就够团队中其他人学的。要知道，只了解些皮毛就挨家挨户去推销，才是团队中其他人常用的办法。

♥ **第三步：团队获得发展后反哺优秀个体。**

一个团队如果只靠优秀个体才能进步，这样的团队走得太慢了。从优秀个体身上萃取到的经验能让团队获得发展，而团队中的每个人在进步的过程中，也会有自己的心得。我注意到团队成员有提高后，特意找到几个提高显著的，让他们分享"得意之作"。从这些"得意之作"中，他们又能发现新的经验。

定期分享这些经验，有助于其他人继续获得提高。即便小刘这样的"头羊"，也受益匪浅。久而久之，团队越来越"强大又团结"，获得了全面的成功。

课后总结

1. 个体再优秀，独木难支，团队"拉胯"注定全盘皆输。
2. 没有经验萃取，个体的光芒终会被团队的阴影吞噬。
3. 个体闪光却团队失色，是因为经验从未形成合力。
4. 把个人经验变成团队力量，才能真正打破瓶颈。

"牛人"招募：
吸引比自己更优秀的下属

带着问题学管理

1. 你是否具备吸引优秀人才所需的魅力和信任感？

2. 你是否愿意提供发展空间和挑战，以吸引顶尖人才？

3. 为什么找到了"牛人"，最后却留不住？

在一般的团队中，管理者往往就是那个最优秀的人，管理者的上限决定了团队的上限。那么，当管理者达到极限以后，团队要怎样进步呢？这时候，就需要找些"外援"了。比管理者更优秀的下属，能力更出众的外援，能提高团队上限，进而帮助管理者抵达更远的地方。

在事业遇到瓶颈的时候，我就打算找一位真正的"牛人"，帮我捅破上升的天花板，打破桎梏。但是，"牛人"哪里是那么好找的呢？首先要知道谁是真正的"牛人"，其次要人家真的有机会、有意愿和你接洽，最后还要想办法将对方留下来。整个流程下来，可谓难上加难。

我一边从人脉里寻求帮助，一边参加各种线下峰会，多方打探，才打听到有"牛人"刚从 IBM 离职。通过一个共同的朋友，我得到了他的联系方式。对方此时也在找下家，我和他一拍即合，决定进行会面。

现在回想起那次会面，我表现得还是过于紧张了。当然，紧张不是最大的问题，我自以为与他相谈甚欢，而对方却在会面后选择了一家杭州的公司就职。

我询问共同的朋友，问题出在哪里，是不是觉得我们的实力不如人家雄厚。这位朋友说了许多，总结起来就是三句话：没有诚意，没有前途，没有意思。这三句话如同三颗子弹，穿过我的心脏。

经过一段时间的复盘与总结，我制定了一套专门用来招募"牛人"的面试方案，终于在 9 个月后为团队找到了提高上限的人。这个方案，就是以解决上述三个问题为目标的。

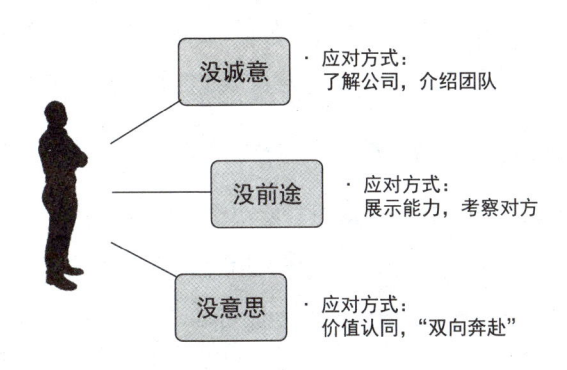

```
没诚意  · 应对方式：
        了解公司，介绍团队

没前途  · 应对方式：
        展示能力，考察对方

没意思  · 应对方式：
        价值认同，"双向奔赴"
```

♥ 第一，了解公司，介绍团队。

当我听到"没有诚意"这句话的时候，只觉得比窦娥还冤。要知道，我是从定下会面时间那天就开始准备会面的内容了，当天一点儿也没有拖泥带水，以最礼貌的姿态进行会面。所有时间都用来交流关键问题，一点儿都没有浪费，怎么还是没有诚意呢？

转念一想，我就明白了。面试不是购物，不是单方面地挑选自己心仪的东西，一直考虑对方适不适合自己的团队。对方怎么想的？他可是对你的团队完全不了解，对你的公司完全不了解，对自己将来要供职的环境完全不了解。什么都不了解，怎能贸然就加入呢？

有了第一次的经验，第二次招募"牛人"的时候就好多了。我一边与他闲谈，一边带他考察了整个公司。我们的团队是什么样的，团队氛围如何，办公环境怎么样，有过哪些成绩，手头又有哪些正在进行的项目。

♥ 第二，展示能力，考察对方。

究竟要从哪里判断一支团队的前途？至少对于前来面试的"牛人"来说，他要知道团队的管理者是什么水平，专业性如何。我准备了很多问题，说到底都是专业方面的，考察的是过往经验、案例应对策略。

这些如同纸上谈兵，即便有现实案例做参考，实际上早就有了答案。管理者只询问这些问题，很容易被"牛人"当成赵括，只会纸上谈兵。

第二次面试时，我特意就当前项目遇到的问题进行提问。这样既能让"牛人"知道我们有问题，而他能解决问题，我们很需要他，又能让"牛人"明白，我是有专业能力的，出题能出到点上，工作时自然也能触及真正的关键部分。

♥ **第三，价值认同，"双向奔赴"。**

"牛人"为什么要加入你的团队？是看重你提供的薪资待遇，还是找个地方打算安度余生？肯定不是"牛人"需要的是有前景、有挑战性、有意思的工作。因此，公司的文化、战略、价值观，必须能打动"牛人"，让"牛人"想要与公司一起实现愿景。

这是一个"双向奔赴"的过程。只有双方都认可接下来的发展路线，才能合作无间。因此，在这个环节，我没有过多描述公司的战略前景和过往成就，只是和他简单地谈谈公司的价值观、工作方式，以及未来的方向。他喜欢我们的工作方式，也认同公司的价值观，随后就正式入职了。

课后总结

1. 不敢招比自己强的人，只能永远做平庸的"领头羊"。
2. 领导的格局，决定了你能吸引多牛的人。
3. 无法吸引强者，是因为你的平台还不够大。
4. 吸引比自己优秀的人，是领导者最大的底气和智慧。

人才盘点：
两级管理制的底层逻辑

带着问题学管理

1. 在人才盘点中，你是否考虑过不同层级的管理需求？

2. 你是否清楚两级管理制如何影响人才的选择与发展？

3. 你是否能识别出管理层与执行层之间的沟通障碍？

在发展业务过程中，进展缓慢不可怕，因为这说明还有某些方面做得不够好。遇到竞争对手不可怕，只要不断提高自我，总能找到制胜的机会。可怕的是，当你做好一切准备，机会也来到眼前，正要摩拳擦掌大干一番的时候，发现手里的人不够了。

我经历过这样的局面。几年之前，公司的业务版图如同开挂一般拓展，我手下的团队也从小打小闹变成几十人的"大军团"。那时我心里想着："嘿，有了这么多'兵马'，我这回可以大展拳脚了！"但没过多久，现实就狠狠地拍了我一巴掌。

项目是多了，效率却像车没油一样，越来越低。更别提那些新晋骨干，他们突然全都掉了链子。那些我一直以来仰赖的中层管理者，面对日益复杂的项目，也显得束手无策。那种感觉就像你在战场上回头看，发现该冲锋的人都在打盹儿。

关键时刻，我想派人顶上，却发现没有合适的人。要么是新人"嫩得冒油"，要么是老员工"苟得一手"，不愿多扛一点责任。这样一来二去，我被夹在中间，焦头烂额。

于是，我开始进行一次彻底的"人才大盘点"。通过这次盘点，我发现了一个惊人的事实：团队的人才储备简直就是断层！新人一大堆，但经验不够；中层老将经验丰富，但对新的挑战提不起兴趣。更致命的是，很多中层管理者还停留在执行的思维模式，根本无法满足更复杂的统筹工作要求。

这次经历让我真正意识到，企业发展就像发动机，光踩油门没有用，车上的零件必须跟得上。人才盘点和梯队建设，必须同步于企业的发展。你不能指望一直靠几张"老面孔"撑场，得发展梯队，才能真正稳住局面。

在两级管理制下，第一层逻辑是：确保一线人才的"活力储备"。就是你得有一批随时能顶上去的"新鲜血液"。当某个位置突然空缺时，他们能够迅速填补。这些人才大多负责执行具体任务，所以他们的专业能力、适应性和成长潜力，是你需要重点关注的。

第二层逻辑是：中层管理者的盘点。中层管理者不仅仅是执行的传话筒，而是带领团队前行的"发动机"。如果他们缺乏统筹和决策的能力，整个团队就会像无头苍蝇，四处乱撞。因此，盘点中层管理者时，你要特别关注他们的领导力、统筹能力，以及能不能带着团队"进化升级"的潜力。

弄明白两层逻辑后，我找到了以下几个解决目前困境的方法。

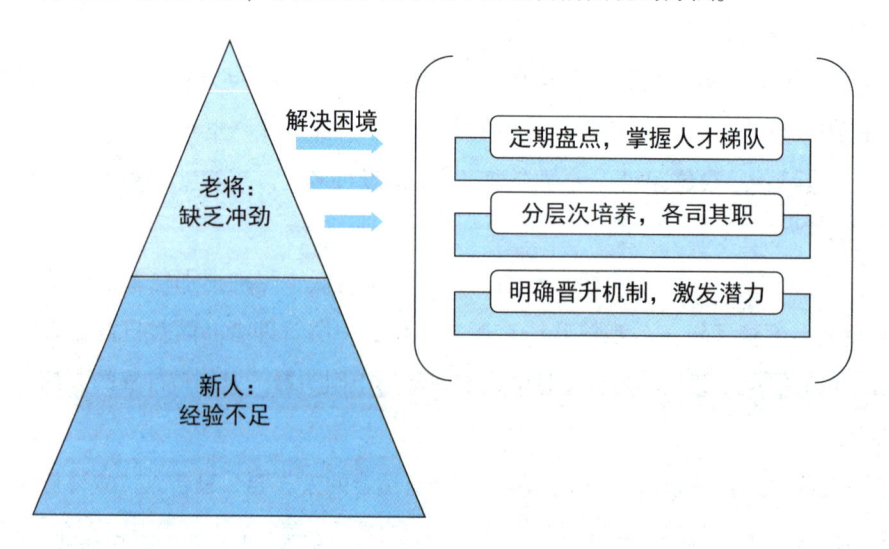

♥ 方法一：定期盘点，清晰掌握人才梯队。

人才盘点不是一锤子买卖，而是要常态化进行。定期盘点，才能及时发现团队中的潜在风险。如果等到问题出现时才手忙脚乱地补救，可就晚了。通过定期盘点，你可以随时了解各层级的人才储备情况，提前制订培养和晋升计划。

♥ 方法二：分层培养人才，确保各司其职。

在盘点的基础上，不同层级的人才需要分层培养。一线员工需要快速提升执行力，中层管理者则需要提升决策力，发展战略思维。构建分层培养机制，能够确保每个层次的员工都知道自己的发展路径，明确自己要走的道路，从而激发出他们的内在动力。

♥ 方法三：建立明确的晋升机制，激发人才潜力。

人才盘点的最终目的，是让团队在不同层次上都能保持活力满满。所以，建立公开透明的晋升机制尤为重要。当员工看到自己的晋升路径清晰可见，未来发展方向明确时，他们自然会更加努力工作，形成"蓄水池效应"，源源不断地为团队输送"新鲜血液"。

课后总结

1. 两级管理的关键，是把每个人才都放在最能出力的位置。
2. 人才盘点不清，管理层再多也是各自为战。
3. 两级管理制的精髓，在于分层用人、精准施策。
4. 用错人才，两级管理制就会沦为内耗的根源。

避免人才断层：
谁走了都不耽误事

带着问题学管理

1. 你是否制订了有效的人才继任计划，以应对关键人员离职？
2. 在团队中，你是否确保每个职位都有候选人？
3. 当关键人才离职时，你是否能迅速调整团队角色以保持团队正常运转？

"地球离了谁都照样转"，这话不假。不过，当关键人才离开时，团队的"转动"可不像地球那么顺畅，往往会陷入资源流失、效率低下的窘境。作为管理者，你必须懂得未雨绸缪。你得做好准备，确保无论谁离职，团队都能稳步向前，不至于掉链子。这听上去有点理想主义，但实际上只需一个行之有效的冗余机制和人才接班计划。

说起这个，就不得不提我经历过的惨痛教训。我手下有位技术"大拿"——小张，能力出众，堪称团队里的"定海神针"，很多项目的关键环节几乎都由他主导。我一度觉得，有了小张，任何难题都是"小菜一碟"。直到有一天，他突然找到我说："领导，我觉得我的职业遇到瓶颈了，我想去探索新的天地。"我当时就愣住了。你怎么不说世界那么大，你要去看看呢？我这一摊子事可都指望着你呢。

虽然我极力挽留，谈待遇、谈理想、谈未来，小张却一脸心不在焉，显然心思早已飞走了。强扭的瓜不甜，以他这个状态，硬要把他留下，恐怕也没有好结果。他走了以后，几个没有完成的项目，我只能疲于奔命，亲力亲为。同时也恨自己，要是能早点想办法避免出现人才断层的问题，自己至于这样吗？

这件事之后，我彻底明白了一个道理：要打造一支高效运转的团队，光靠"牛人"是不行的。避免人才断层，必须让每个岗位背后都有足够的替补力量，即便有人离职，工作也能顺利进行。想要做到这一点，有两大核心：岗位冗余和人才接班计划。两者结合起来，是让团队高效运转的关键。

"岗位冗余"听上去好像是浪费资源，但这是避免团队陷入瘫痪的绝佳策略。简单点说，就是每个关键岗位背后都有"备用电源"。要是主力队员突然离开，替补队员马上补上。这就像备胎，平时不显眼，关键时刻能救你一命。

岗位冗余只是第一步，人才接班计划才更为关键。每个岗位，尤其是那些你觉得"无人可替"的核心岗位，必须有明确的接班人计划。这不是说等到有人提出辞职再找接班人，而是提前做好规划。

你得时刻关注哪些员工在岗位上表现突出，并且有潜力承担更大的责任。然后，你抓住机会"传帮带"，让他们提前做好准备。这样，当你的"牛人"决定离职时，接班人可以无缝接手，轻松过渡。在后来的"牛人"离职后，我迅速启动接班人机制，接班人不仅顺利接过项目，还为团队注入新的活力，大家都没有想到新生代力量能这么快顶上。

为了能更好地理解、建立、运用这一体系，我总结了三个技巧。

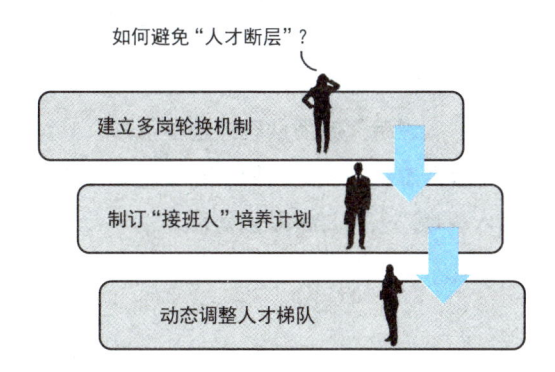

如何避免"人才断层"？

- 建立多岗轮换机制
- 制订"接班人"培养计划
- 动态调整人才梯队

♥ 技巧一：建立多岗轮换机制

你得先确保每个岗位不是"一人定乾坤"，通过多岗轮换机制，让每个人不仅了解自己的工作，还能胜任其他岗位。你可以设置岗位交换计划，让员工每月轮岗几天。这不仅可以丰富他们的工作经验，还能让大家对团队的整体运作有更深的理解。一旦关键岗位缺人，其他人能迅速填补空缺，避免整个团队"掉链子"。

♥ 技巧二：制订接班人培养计划

接班人计划是让团队永续发展的关键。你要提前选好核心岗位的接班人，不要等到员工递交辞职信时才想起来找替补，这时就晚了。你要定期评估员工的表现，把那些有潜力的员工纳入接班人计划，让他们逐步接触更复杂的工作，提升他们的技能。这样一旦有人离职，接班人就能快速接过工作，避免人才"真空"。

♥ 技巧三：动态调整人才梯队

企业是动态发展的，团队也是一样。你不能一成不变地指望当前的配置能够长久高效地运作。我们需要定期进行人才盘点，评估每个人的状态和潜力，及时调整人才梯队。这样一来，即便面对突如其来的变化，团队也能快速调整，保持稳定。

课后总结

1. 真正的领导，是让任何人离开都不掀起波澜。
2. 谁走了都不怕，说明你的团队已经坚不可摧。
3. 打造稳固的后备力量，才能让团队经得起任何变动。
4. 命令能让人执行，共情才能让人追随。

第六章

团队冲突与协作：从矛盾到协同的智慧

冲突不怕，怕的是不会化解：
分配资源的"润滑剂"

带着问题学管理

1. 在面对多个部门同时争取资源时，管理者如何平衡各方需求，避免偏向性？

2. 在资源有限的情况下，管理者如何建立透明、公正的资源分配机制？

3. 管理者如何在面对资源争夺时维持团队的凝聚力和工作效率？

不管是团队内部还是团队之间，出现冲突几乎是不可避免的。特别是在分配资源的时候，更是你争我夺，气氛焦灼。管理者能怎么做呢？一碗水端平，大家"排排坐、吃果果"？这样虽然能在某种程度上化解纷争，但对公司的发展来说却是不平衡的。有些团队拿到过多的资源，最后只能浪费；而有些团队资源不足，难以完成既定的任务目标。

那么，冲突真的有那么可怕吗？其实不然。管理者要学会化解这些冲突，巧妙分配资源，在保持团队高效运作的同时推动公司战略的完成。作为管理者，你实际上就像润滑剂，调解各部门间的摩擦，找到最佳平衡点。问题不在于让每个人分得同样多的"蛋糕"，而是如何根据优先级、战略目标和长远发展做出智慧的分配。

讲个我亲身经历的故事，说明这种事情多么常见。当时公司刚进入一个新兴市场，销售团队就迫不及待地想要增加推广预算来抢占市场份额，而与此同时，研发团队也递上了"加急需求"，希望增加人员和获得更多资源，加速开发新功能，以应对市场上竞争对手的快速反应。两个部门都觉得自己才是最急需资源的一方，冲突一触即发。

销售总监满脸焦虑地找到我："我们要增加预算做广告！现在不冲出去，市场就没有我们什么事了！"研发团队的负责人紧随其后，也不甘示弱："广告打得再响，产品也需要功能支持！现在竞争对手的新功能已经上线，如果我们不加紧开发，失去用户就晚了。"

听完他们的诉求，我没有急着做决定，而是先让两位负责人坐下来，耐心倾听他们详细阐述各自的需求和理由。三五句话的事情，该怎么分配就清楚了。

我对销售总监说："现在我们的竞争对手发展速度并不快，还没有到需要'拼刺刀'的时候，给你资源的话，你要马上投入进去吗？不能吧？把资源分配给你，少则三个月，多则一年，都不会有太大的回报。更何况，该投入资源抢夺市场的时候，你们用不了多久就能启动，不用太着急。不如先给研发部门，让他们先行动起来。等到你们开始'拼刺刀'的时候，研发上的进步说不定能给你们提供更多的支持。"

于是，我优先满足了研发部门的需求，同时为销售部门制订了阶段性的资源分配计划，等研发工作进入稳定期，再为销售部门提供更多的支持。

如果你在分配资源时遇到冲突，不知道该如何分配，就要牢记以下三个规则，把资源用到最合适的地方。

资源分配规则

- 用数字说话
- 按优先级划分
- 按规矩办事

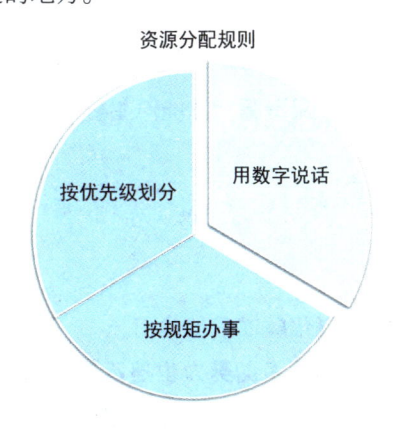

♥ **规则一：用数字说话。**

光说不练不行，得拿数据说话。我让每个团队整理出他们目前的工作量、任务进度和具体需求，大家都坐下来，把这些信息摊在桌面上讨论。这样一来，谁该拿多少资源，怎么分，都是有理有据的，再也没有人能用情绪来做判断。每个小组都有自己的优先级，谁着急谁先拿，谁的任务轻谁就等一等。

当时有个小组原本觉得自己被冷落，资源分配不公平，但当大家看到他们的任务量确实不如其他小组时，就没有再多说什么。毕竟，数据摆在那儿，谁也无法辩驳。

♥ 规则二：按规矩办事。

资源不能随意分，应该根据团队的实际需求、工作量和项目优先级来确定。比如，哪组的任务紧急、涉及面广，资源就向他们倾斜；新成立的团队，给予适当的资源扶持，但不会无限制地满足他们的需求。

这套规则公开透明，谁也不用担心有"暗箱操作"。事实上，很多时候，冲突并非因为资源不够，而是分配的游戏规则不透明，导致误解和猜忌。

♥ 规则三：按优先级划分。

事情总有轻重缓急，资源也是有限的。有些事情马上就要处理，不处理会引发严重后果。有些事情则不那么着急，甚至要持续投入才能见效。如同一缸水，有人要拿去救火，有人要拿去洗衣、做饭，自然要优先提供给救火的人。

我们不妨划分出优先级，以公司存亡为主，以抓住重要机会为次，以降本增效为末。按照这个优先级来分配资源，才能产生好的效果。

课后总结

1. 冲突是常态，不懂化解才是致命伤。
2. 资源分配不公平，再多的努力也挡不住内耗。
3. 会化解冲突的领导，才能让资源分配变成团队的助推器。
4. 资源分配缺乏"润滑剂"，只会让小摩擦变成大裂痕。

下属闹矛盾：
解决协而不调的 3 个方法

带着问题学管理

1. 你是否及时介入下属之间的矛盾，以防问题升级？
2. 在处理冲突时，你是否能保持中立，避免偏袒任何一方？
3. 你是否定期组织团队活动，以增强团队凝聚力和信任？

锅碗瓢盆在一个厨房里，互相碰撞难以避免。更何况人是有主观能动性的，个性不同，做事的方式就不一样，发生冲突就如家常便饭。有些事情很容易分清对错，管理者可以从中协调。有些事情完全是鸡毛蒜皮，也不好说谁对谁错。这时候，管理者只能想办法"和稀泥"。

我刚升职为中层管理者时，看到团队里气氛紧张，总是第一时间扑上去"灭火"，希望通过调解迅速消除冲突。可结果呢？矛盾并没有真正消除，反而变得更加复杂。每次有问题，团队成员都习惯性找我"评理"。这让我不仅成了"仲裁员"，还成了团队的"救火队长"。

后来，我逐渐明白：管理者不是"保姆"，不能总是替下属解决问题，与其试图调解每个矛盾，不如学会"协而不调"。

我的任务是帮助团队学会在冲突中找到合作的方式，而不是总当"润滑剂"去调和矛盾。

今天，我想跟大家分享三个"协而不调"的实用方法，让下属在冲突中学会协同工作。

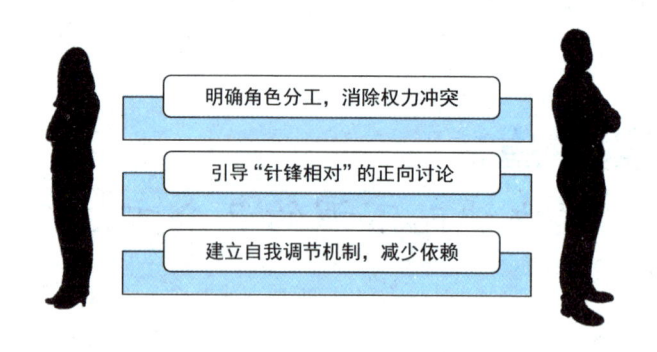

- 明确角色分工，消除权力冲突
- 引导"针锋相对"的正向讨论
- 建立自我调节机制，减少依赖

♥ **方法一：明确角色分工，消除权力冲突。**

很多时候，团队内部的矛盾，根源不在于意见分歧，而在于分工不清。当两个能力接近的员工都觉得自己应该主导决策时，冲突就不可避免了。因此，管理者首先要做的，就是为团队成员明确职责和分工，避免权力争夺。

我记得有一次，团队里的老刘和小张因为项目主导权争得不可开交。老刘作为团队的资深成员，觉得自己理应主导这个项目，而小张作为新生代，却希望打破套路，引入新方案。两人为了谁主导决策互不相让。作为管理者，我当时拍板决定，偏向老刘的方案。但最终，结果并不理想——小张觉得自己被忽视，工作态度消极；老刘则更加固执己见，团队协作出现问题。

这次经历让我明白，明确的分工比拍板更重要。如果当初我在项目启动时，就明确老刘负责项目整体进度和时间节点，小张负责创新方案的实施，两人的矛盾可能根本不会发生。分工清晰，责任明确，团队才能在合作中发挥各自的优势，避免不必要的权力冲突。

♥ **方法二：引导"针锋相对"的正向讨论。**

很多管理者看到团队成员在争执，就忍不住想打断他们，害怕争论搞僵气氛。实际上，争论不一定是坏事，关键在于你如何引导这些针锋相对的讨论。如果引导得当，争论反而能够激发创新的火花。

处理下属的矛盾时，我逐渐学会了不急于"掐灭"争论，而是引导双方进行理性讨论。比如，当老刘和小张在就方案进行争论时，我可以试着让他们从问题本身入手，而不是纠结于个人立场。"你们两人的观点都很有道理，我们能不能结合一下，看看能否找到一个兼具创新和稳妥的方案？"这种方式可以让讨论更有建设性，将注意力从人身冲突转向问题解决。

引导争论正向发展，让团队成员逐渐学会从不同角度看待问题，而不是把争论变成"输赢之战"。

♥ **方法三：建立自我调节机制，减少依赖。**

你可能会觉得，每次下属发生争执，你作为领导必须亲自出面调解，但实际上，频繁的保姆式管理只会让他们产生依赖性。久而久之，一有矛盾，他们就会找你裁决，自己解决问题的能力反而下降了。所以，管理者应该为团队提供一种自我调节的机制，帮助他们学会处理冲突，而不是每次都依赖你介入。

为了减少这种依赖，我开始在每周的例会上加入一个解决问题的环节。团队成员在工作中遇到分歧，都可以在这个环节提出，由全体成员讨论解决方案。通过这种机制，团队成员逐渐学会了自己解决矛盾，减少了对我这个"救火队长"的依赖。关键是，他们学会了通过沟通协作来处理问题，而不是一味地等着管理者来拍板决定。

课后总结

1. 下属闹矛盾，急着调解只会让问题埋得更深。
2. 矛盾不可怕，领导的盲目调解才是毒药。
3. 不盲目介入，才能让下属自己找到共赢的出路。
4. 学会协而不调，让冲突成为成长的催化剂。

高效协同：
让团队成员无缝合作

带着问题学管理

1. 你是否建立了清晰的沟通渠道，以促进团队成员之间的信息流动？

2. 在项目开始前，你是否明确分配了角色和责任，以避免重叠？

3. 你是否鼓励团队成员分享成功经验，以增强协同效应？

新的团队需要管理者将他们捏合成一个整体，不断培养默契，最后变得亲密无间。到这个时候，团队也能顺利、高效地运作。以上是理想的状态，许多管理者从梦中醒来，要面对的现实是：团队中的人个个努力，项目却寸步难行；团队成员单拿出来都是精英，配合起来却一塌糊涂。

我刚入行的时候，跟过一个跨部门的项目，整个过程简直堪称"高效协同的反面教材"。团队成员都是各自领域的佼佼者，专业能力一流，但合作起来却像几辆速度不匹配的车，彼此完全没有节奏感。市场部和技术部用不同的语言沟通，产品设计和开发部门时常各自为政，而我们的领导就像翻译官，在他们中间疲于奔命。最后，项目进度拖拉，让人心力交瘁。

最典型的一次"乌龙"就是市场部完成了一份调研报告，按理说要交给技术部开发相关功能，但市场部却把报告发过去后就当任务完成了，技术部压根儿没有收到通知。几天之后，项目停滞，双方互相指责，开会时还差点儿吵起来。可见，个人能力再强，如果没有良好的协同机制，团队合作就像一盘散沙。

那么，如何才能让团队成员真正做到无缝合作，最大化地发挥个人的潜力呢？在多年的职业生涯中，我总结出以下几个实用方法，分享给大家。

明晰工作流程

实现团队"无缝合作"

同步工作节奏

明确"接口"责任

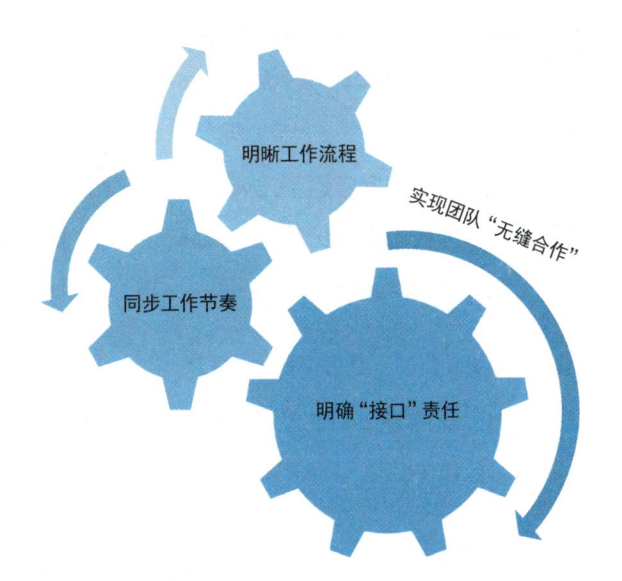

♥ **方法一：明确"接口"责任，确保信息不丢失。**

团队协作不顺畅，很多时候不是因为成员不努力，而是信息在任务交接过程中出现"断层"。每个人都认为自己完成了任务，结果信息却在中途"丢失"了，导致后续工作无法推进。

回到我们团队那次市场部与技术部的乌龙事件，问题的根源是双方没有一个明确的接口负责人。市场部完成调研后，认为发一封邮件就算完成任务了，技术部根本没有意识到自己接到了这个任务。后来，我们领导干脆安排了一个接口责任人，负责确保任务从一个部门交到另一个部门时，信息传递完整、清晰，问题才得以解决。

这样的责任制，让信息在交接时有了负责人。任何问题都有具体的人负责，任务进展顺利，避免了信息"半路消失"。

♥ **方法二：同步工作节奏，避免"快慢不一"。**

另一个导致团队协作困难的原因是成员的工作节奏不一致。团队里总有"飞毛腿"和"乌龟"，快的人干完了在等，慢的人还在"磨洋工"，整个项目实施就像一场拖沓的接力赛。为了避免这种情况，可以引入"同步工作机制"。

每天早上开个简短的同步会，让每个成员汇报一下自己的进度。通过这种方式，大家彼此知道谁走到哪一步了，有没有遇到问题。这不仅能及时发现潜在的问题，还能让大家的节奏保持一致。

记得有一次，技术部的工作进度延迟了几天，市场部立即意识到了问题，主动调整了他们的工作计划，为技术部留出了更多时间。结果，项目按时完成，大家也不再"互相踩脚"，合作得非常顺畅。

♥ **方法三：建立清晰的工作流程，让合作有章可循。**

无缝合作不是天生的，靠的是清晰的工作流程和规范。每个人的工作方式、节奏不同，尤其在跨部门合作中，流程不清晰，就容易出现混乱。为此，必须为团队建立一套清晰的工作流程。

比如，可以在团队中设置进度看板，标注每个任务的进展情况、责任人以及依赖关系。通过这样的透明化管理，大家都清楚项目整体进度以及自己所处的位置。这样一来，每个人不仅知道自己该做什么，还能提前预见可能出现的问题，减少不必要的延误。

课后总结

1. 无缝合作不是天生的，而是磨合出来的默契。
2. 团队协同不到位，个人再拼也只能孤军奋战。
3. 真正的高效协同，是让每个成员都成为彼此的助力。
4. 无缝合作的力量，胜过任何个人的孤注一掷。

共享愿景：
让每个人都为同一目标奋斗

带着问题学管理

1. 你是否定期与团队沟通愿景，以确保每个人都理解目标？
2. 当团队成员偏离目标时，你是否及时进行调整和指导？
3. 如何增强团队成员对目标的参与感和归属感？

管理者不仅仅是安排任务、分配工作，还要让团队内部从上到下心往一处想、劲往一处使。

要想让每个人心甘情愿地为同一个目标奋斗，仅仅靠指标和 KPI 压人是不行的。我们常说的文化、精神、价值观，虽然听上去像是"老板的空话"，但实际上，这些才是团队真正运转的"内燃机"。

一个团队，如果没有共享愿景，哪怕成员个人能力再厉害，也不过是一盘散沙，战斗力有限。

就像一场篮球赛，所有人都知道要把球投进篮筐，但如果每个人心里都想着"这事儿跟我没有关系，让别人来搞定吧"，场面必然是一团糟。管理者面临的挑战就在于，如何让每个队员都认同那个篮筐是他们必须攻克的目标，而不是事不关己地坐等队友发力。

那么，如何让团队成员从内心深处接受并为共同的目标奋斗呢？我认为，要创造共享愿景应该掌握以下三项本领。

创造共享愿景 — 赋予目标意义
参与目标制定
强化团队认同感

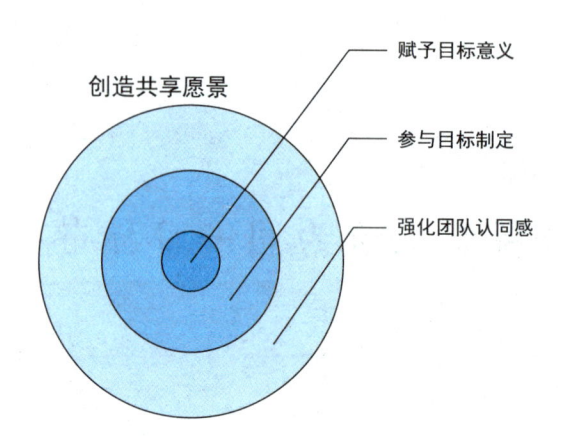

♥ **第一项：让目标变得有意义，而不仅仅是任务。**

冷冰冰的数字、指标，能让人打起精神来吗？很难！大多数团队成员不会因为一串目标数字拼命工作，他们需要看到这个目标背后更深层次的意义和价值。管理者第一步要做的就是帮助他们看到目标背后的深层意义。

记得有一次，公司下达了年度目标——业绩实现 20% 的增长。乍一听，这是个很难啃的"硬骨头"。于是，我没有直接甩出这个"硬指标"，而是带着团队先进行了一场头脑风暴。我的问题很简单："如果我们达成这个目标，大家能得到什么？公司又会有什么变化？"

一开始，大家有点蒙，但随着讨论深入，越来越多的人开始发表看法。有人说："增长了，说明公司市场更加稳定，更有发展潜力，我们的利益也更有保障。"还有人补充："如果我们团队达成这个目标，肯定会成为公司的明星部门，升职加薪也会接踵而至。"

每个人都看到了目标与自己切身利益的关系，认同感迅速增强。这个时候，任务不再只是领导交代的工作，而是变成他们自己想要达成的目标。当目标不仅仅是一个任务，而是一个能带来变化的愿景时，团队成员才会真正投入。愿景赋予目标以意义，它不再是简单的数字。

♥ **第二项：让每个人都参与目标的制定。**

愿景不是领导一个人的事，而是整个团队的共同追求。管理者应该为团队成员提供参与的机会，让他们有话语权。只有当他们感受到自己参与其中时，才会把目标当作自己的事情努力去做。

举个例子，在我负责的产品升级项目中，我没有直接告诉团队我们要做到这些，而是进行了一次开放式讨论，让大家想象项目成功的场景，以及个人在这个过程中能做出什么贡献。这种方式不仅激发了团队成员的主动性，还让每个人觉得目标是自己参与制定的，责任感油然而生。

当目标是团队共同商量出来的，而不是领导拍脑袋决定的时，大家的执行力自然会更强。因为这个时候，愿景成了他们的心声，而不仅仅是外部施加的压力。

♥ **第三项：通过定期反馈和激励强化团队认同感。**

激励是愿景落地的有效方式之一。当团队成员的努力与愿景紧密相连时，适时的表扬和激励能让他们感到自己的贡献得到了认可。

在我们团队里，我习惯在每次项目里程碑完成时，组织一次小型的庆祝会。不一定要大张旗鼓，甚至有时候只是一顿简单的下午茶。但这种仪式感，能让团队成员感到他们的努力没有白费，每个小成就都离最终目标更近一步。

激励不仅是物质上的，更重要的是精神上的认可。当团队成员为愿景做出贡献时，公开表扬和认可能极大地增强他们的归属感和认同感，更愿意为实现目标全力以赴。

课后总结

1. 没有共享的愿景，团队只能各奔东西。
2. 让每个人看见同一个目标，才能汇聚真正的力量。
3. 没有共同愿景，团队的每一步都是在消耗彼此。
4. 愿景共享，才能让每个个体化零为整，向同一方向冲锋。

员工谈话艺术：
不要讨好下属

带着问题学管理

1. 你是否能在与下属谈话时，保持真实而非迎合的态度？

2. 当下属犯错时，你是否敢于直言，而不是选择回避？

3. 你是否在谈话中明确期望，而不仅仅是表达善意？

管理者和团队成员保持良好的关系是必需的，但这不意味着要一味地讨好下属、避免冲突。很多管理者误认为，要让员工喜欢自己，就不能得罪他们，总要客气三分，结果是表面和谐，实际上问题层出不穷。我以前也有过这样的误解，觉得只要对员工客气，就能避免矛盾，维持"老好人"的形象。可事实证明，这种"老好人"式的管理，非但不能真正解决问题，反而会给团队发展拖后腿。

作为管理者，我们的职责不仅是维持表面的和谐，更重要的是推动团队进步。要做到这一点，就需要直面问题、诚实沟通，而不是绕圈子，或一味地讨好。讨好看似安全，却只是让问题掩盖在表象之下，一旦积累到一定程度，便会迎来最后的爆发。

刚刚走上管理岗位时，我也是一个"老好人"。那时，我总是害怕因为批评而破坏与下属的关系。记得有一次，团队里负责项目的小赵工作拖延了几周。作为项目负责人，我应该及时找他谈话，指出问题，但总想着绕个弯子，希望他能自己领悟。于是，每次见面，我都是客客气气的："小赵，项目进展得怎么样？有什么需要我帮忙的吗？"每次他都是笑着回答："没有问题，我能搞定。"

结果，问题依然没有解决，进度继续拖延，而我只能面对越来越大的压力。

最终，我意识到，如果再不直面问题，整个项目都会陷入困境。于是，我决定改变沟通策略，约小赵进行了一次直接对话："小赵，项目进度确实拖得太久了。你是不是遇到了什么问题？不妨说出来，咱们一起想办法解决。"

眼见避无可避，小赵才承认自己确实遇到了瓶颈，但因为害怕被批评，一直没敢说出来。我也明白了，与员工沟通的目的不是通过讨好让他们喜欢我，而是解决问题。只有诚实沟通，帮助下属成长，让团队越来越好，才是好的管理者。

于是，我总结出三个有效的沟通办法。

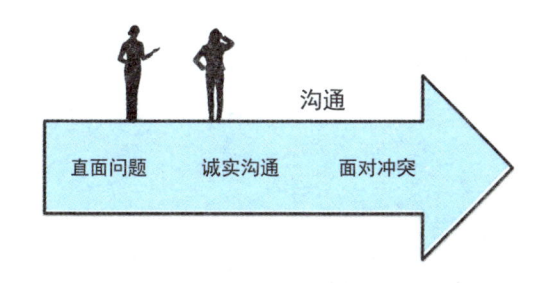

（沟通：直面问题 → 诚实沟通 → 面对冲突）

♥ **办法一：直面问题，别绕弯子。**

在管理中，遇到问题时最忌讳的就是绕圈子。虽然直言不讳有时可能让人感到不适，但只有当你明确指出问题，团队成员才能真正意识到事情的严重性。

与其用"你觉得怎么样"这样的模糊问题，不如直截了当地说："这个项目进展缓慢，我们应该讨论一下原因。"明确指出问题，你不仅能够让下属清楚自己的错误，还能及时为他们提供支持，避免问题进一步恶化。绕圈子只会让下属对问题失去敏感度，甚至错失改正的机会。

♥ **办法二：诚实沟通，避免讨好。**

管理者在沟通时避免刻意讨好是至关重要的。你可能觉得用客气的方式可以缓解对方的不安，但实际上，过度客气会让下属误以为问题不严重，或者根本不需要解决。这不仅不利于问题的解决，还可能导致团队陷入更大的困境。

例如，在我与小赵的沟通中，之前的客气并没有推动项目进展，反而让他觉得自己不需要做出改变。诚实沟通是建立信任的关键。只有当你坦诚地指出问题，并展示出愿意帮助他解决的态度时，才能真正推动团队发展。

♥ **办法三：不要害怕冲突，冲突中也有成长。**

管理者往往害怕冲突，认为避免冲突是保持团队和谐的关键。然而，适当的冲突实际上是团队成长的契机。诚实反馈可能引发摩擦，但这是解决问题的必要过程。冲突能让问题浮出水面，为下属提供反思和改进的机会。

比如，当我与小赵进行直言不讳的谈话时，他一开始确实有些防备，但在对话过程中，他认识到了问题的根源。通过这次冲突，他不仅改进了工作方法，还在后续项目中更加积极、主动。

作为管理者，你需要掌控局面，让冲突成为员工进步的机会，而不是回避它。通过冷静、专业地处理冲突，你可以帮助团队成员更加清晰地认识到问题，更好地成长。

课后总结

1. 对下属一味地讨好，只会让领导的威信一再丧失。
2. 客气多了，原则就少了。
3. 把话说得太软，下属只会软弱无力。
4. 讨好是短暂的和谐，失去的是长久的尊重。

难题当前：
如何带领团队"破局"

> **带着问题学管理**
>
> 1. 在遇到困难时，你是否鼓励团队积极提出解决方案？
> 2. 你是否能迅速识别团队面临的关键问题并制定应对策略？
> 3. 你是否定期回顾团队的挑战和成就，以促进持续改进？

面对困难，不是每个管理者都有能力带领队伍杀出重围。有些人能一马当先，冲破阻碍，让团队更上一层楼；有些人却只能眼睁睁看着团队被"浪头"卷走，悄无声息地沉入"海底"。

那些顺风顺水的团队大多相似，在原地"抛锚"的团队却各有各的问题。最可怕的问题是团队无缘由地停滞了，只能在原地踏步，拼命努力也找不到突破口。随后，所有问题都在同一时间冒出来，所有人的脑袋似乎都"卡住"了，会议室里一片沉寂。大家皱着眉头，谁也拿不出一个有效的方案，仿佛整个团队被按下了暂停键。

我就经历过这样的"卡壳"时刻。那时我们正在冲刺一个重要的项目，公司高层和客户都紧盯着我们，每一步都至关重要。然而，就在项目的关键节点，各种问题突然集体爆发：客户需求变更，技术团队忙得焦头烂额；市场反馈不如预期，销售陷入困境；物流出了问题，供应商无法按时交货。团队成员开始互相推责，会议室里的气氛冷到让人窒息，仿佛一场"内战"随时爆发。

作为管理者，面对这种最具挑战性的情境，你不仅需要找到解决方案，还要帮助团队在低谷中找到出路，重拾信心。如何带领团队"破局"，不仅是对领导力的考验，也是帮助团队更好地成长的机会。

```
                    破 局
方案一    · 拆解问题，逐步推进

方案二    · 鼓励创新，允许试错

方案三    · 引导团队，聚焦目标
```

♥ **破局方案一：拆解问题，逐步推进。**

有时候，团队会因为问题的复杂性不知从何下手。大家看到的是一个庞大的难题，越看越觉得无解。这时候，作为管理者，你的任务就是帮助团队拆解问题，把大难题分解成更小的问题。

就像项目供应链问题，当所有矛头都指向无法如期交付时，我们决定暂时搁置其他问题，先集中力量解决供应链的问题。通过拆解问题，我们一步步找到了解决方案，最终寻找到一个替代供应商，确保了项目顺利进行。

这种"拆解再聚焦"的方法能有效缓解团队压力，与其让大家陷入焦虑，不如帮助他们聚焦在一个关键点上。找到突破口后，其他问题自然会迎刃而解。这个过程不仅会让团队重拾信心，还能让他们学会应对复杂问题的方式。

♥ **破局方案二：鼓励创新，允许试错。**

面对难题时，往往需要打破常规思维。创新是解决问题的利器，但创新也意味着试错。作为管理者，你需要给团队创造一个允许试错的环境，鼓励大家提出各种天马行空的想法。

那次项目遇到瓶颈后，我们尝试了几种从未用过的市场策略。虽然一些方案并未达到预期，但最终方案的成功正是源自这些大胆的尝试。允许试错不仅帮助团队找到了解决方案，更重要的是，激发了大家的创新潜力。

不要害怕试错，难题本身就是创新的契机。管理者要做的是为团队提供空间，允许他们大胆尝试，而不是一味地追求稳妥。只有在不断尝试中，团队才能找到适合当前局面的解决方案。

♥ **破局方案三：引导团队重新聚焦目标。**

当问题不断涌现时，团队成员往往容易迷失在细节里，忽略了最终的目标。作为领导者，你需要在关键时刻引导大家重新聚焦，帮助他们从纷乱的细节中跳脱出来，回归项目的核心目标。

在我的一个项目困局中，技术总监和市场总监一度为了一个技术瓶颈争论不休。我意识到，如果继续纠缠在技术细节上，整个项目将陷入僵局。于是，我暂停了讨论，提醒大家聚焦于项目的最终目标——完成按时交付的市场推广方案。通过聚焦目标，团队不再纠缠于细枝末节，转而寻找能够推动项目整体进展的突破口。

当大家把注意力重新放到目标上时，难题就不再显得那么不可攻克了。你需要让团队看到，大方向才是最重要的，任何细节问题都应为实现目标服务，而不是相互牵制。

课后总结

1. 带队破局不在于有多强，而在于敢不敢迎难而上。
2. 困境面前，看的是魄力，不是借口。
3. 破局需要的不是奇迹，而是敢于下手的决心。
4. 团队能否突围，取决于管理者是否敢于打破僵局。

团队学习机制：
让团队自驱成长

带着问题学管理

1. 你是否建立了一个鼓励持续学习和知识分享的团队文化？
2. 在团队中，你是否定期进行反思和总结，以促进自我提升？
3. 当团队成员展现出学习热情时，你是否给予他足够的支持和认可？

团队的成长与学习息息相关，但每个人的学习方式和成长速度千差万别。这就导致管理者不得不面对这样一个困境：有人学得快、跑得稳，有人则热衷于"歪门邪道"，恨不得让你时刻盯着，专门给他制定一套"特供"的工作流程和奖惩制度。于是，团队内部的学习和成长呈现冰火两重天的局面。

那些成长快的员工，你得时刻帮助他们稳住方向。对于那些学得慢的员工，总不能真的每个人都"喂一口饭"吧！小团队十几个人，大团队上百个人，每天逐个"喂"，恐怕最后是你自己先"饿晕"。

在一次团队会议中，一位刚入职的新人主动站出来，分享了他对一个项目的独特见解。他不仅从多个渠道收集了相关资料，还和其他部门的同事进行了沟通交流。要不是顾及其他人的面子，我真的想当场站起来指着其他人说："看看人家新来的是怎么干的？"

学习的真正动力来自个体的自发驱动，而不是被动灌输。要想让团队成长，就要建立合格的团队学习机制，让团队自驱型成长。

自那以后，我不再把学习当作一项强制任务推给员工，而是思考营造一种学习型环境，让团队自发地在工作中成长。结果证明，学习动力和学习效果都得到了显著的提升。

在与其他同事、朋友的交流中，我总结出三个办法，能够有效帮助团队构建学习机制，实现系统性、自驱型的成长。

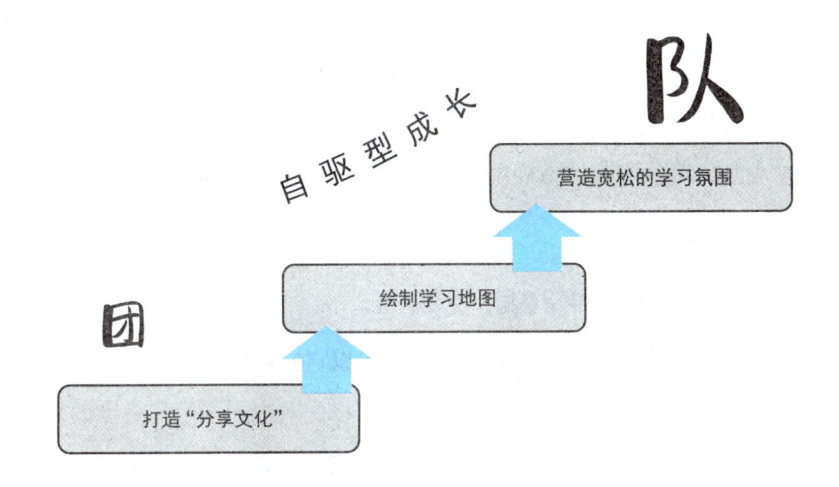

自驱型成长

团队

- 打造"分享文化"
- 绘制学习地图
- 营造宽松的学习氛围

♥ **办法一：打造"分享文化"，互学互助。**

学习不是独角戏，更不是上级对下属的"单向灌输"。要让知识真正流动起来，最好的办法就是建立分享文化，让团队成员互相学习、互相帮助。分享不仅能丰富知识积累，还能增强团队凝聚力，提升整体工作效率。

一次，我们的项目经理在内部会议上分享了他在时间管理方面的心得，结果引发热烈的讨论。其他同事纷纷分享了他们的工作技巧。通过这种分享交流，团队的工作效率有了显著提升。构建分享文化，能够让团队内部形成互学互助的良好氛围，每个人既是知识的学习者，也是贡献者。

为了推动形成这种分享文化，管理者可以定期组织知识分享会，让团队成员轮流分享自己在工作中学到的东西。这样不仅能促进知识传递，还能增强成员的自信心和责任感，推动团队在协作中共同进步。

♥ **办法二：绘制学习地图，明确成长路径。**

除了互动式学习，管理者还需要为团队提供明确的成长路线。这就像登山，为团队绘制一张学习地图，让每个人清楚自己在哪里，目标在哪里，成长道路在哪里，未来如何走。

学习地图不仅要覆盖核心技能挑战，还应包含不同岗位、不同阶段的学习目标和可见的成果展示。比如，初级员工需要掌握基础操作技能，到了高级阶段，可能需要具备优化工作流程的能力。拥有这种分阶段的学习地图，员工不仅能够明确当前的任务，还能看到未来的发展方向，从而更加积极主动地学习。

学习地图还应包含交付物证明，即员工完成阶段任务后的成果展示。通过这些可见的成果，员工能更加直观地看到自己的进步，这也为管理者提供了评估员工成长的依据。

♥ **办法三：营造宽松的学习氛围，允许试错。**

自驱型学习的核心在于让员工感到他们可以自由探索、试错，并从中获得经验。在这种环境中，员工不再害怕失败，而是将失败视为学习和进步的机会。作为管理者，你需要为团队营造一种宽松的学习氛围，鼓励他们大胆尝试，即使犯错也不担心遭到惩罚。

在一个项目中，我们尝试了多种创新方案，虽然有些方案最终没有成功，但团队成员会从这些尝试中学到宝贵的经验，找到最佳的解决方案。正是这种允许试错的环境，让团队成员敢于创新，学习能力得以提高。

课后总结

1. 自驱型成长不是靠外力推动，而是内在渴望。
2. 团队的真正实力，是在自我学习中不断提高。
3. 学习机制不完善，团队再拼也难有质的飞跃。
4. 只有让团队自我驱动，成长才不会停滞不前。

第七章

领导力进阶与自我修炼：
做掌控全局的管理者

管理高手必修：
姿态、状态、心态

带着问题学管理

1. 团队士气低迷，和管理者的坏情绪有关吗？
2. 在压力环境中，你能否保持积极的状态以影响他人？
3. 你是否定期调整自己的心态，以应对管理中的挑战？

在一个团队里，管理者呈现出来的状态，对团队的整体状态是有直接影响的。比如说，你接到一个项目的时候，心里很郁闷，就随口抱怨："做这个项目简直浪费时间！"你的团队成员一听，立马就松懈下来了："哦，这事儿不重要呗？随便应付一下吧。"

再比如，遇到事情的时候，你自己先慌了，跟团队一起"唉声叹气"，那也就只能等着看好戏了——因为你的焦虑很快会"传染"给整个团队。

所以说，要想成为一名合格甚至是优秀的管理者，你需要做的，不仅仅是提升技术和业务能力，还要懂得如何调整自己的姿态、状态和心态。这三"态"，看似简单，却是你如何把管理这盘棋下好的关键。

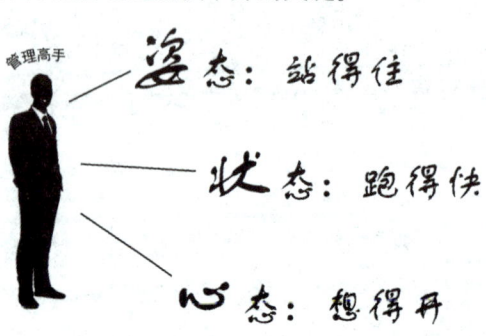

管理高手
- 姿态：站得住
- 状态：跑得快
- 心态：想得开

♥ 姿态要能"站得住"。

先聊聊姿态。

一个管理者的"姿态"可不是让你摆出来给下属看的"官架子",而是你如何对待团队和工作的态度。如果你喜欢高高在上、指手画脚,团队可能表面上对你点头哈腰,背后却绕着你走。相反,如果你表现得太"和蔼可亲",那么下属就可能会觉得你软弱可欺,没有主见。所以,想要管好团队,姿态就要摆对。

一次,我带着团队做一个大项目,时间紧,任务重,大家都在看着,担心我们会搞砸。当时团队士气真的低得不行,人人都在打"退堂鼓"。这种情况下,我要是继续站在后头"指点江山",甩一句"加油干啊!",恐怕没两天,这个团队就得散了。所以我换了个姿态——直接加入战斗,"身先士卒"地去干,天天和他们一起讨论方案、加班赶进度,时不时再发出几句鼓励,给大家加油打气,安排消夜、下午茶。

随着项目推进,团队士气逐渐高涨。最终,我们不仅按时交工,还拿到了非常不错的市场反馈。通过这件事,我彻底明白了一个道理:管理者的姿态直接决定团队的信任度和执行力。你是站在队伍前面引领,还是站在后面推着走,结果大不相同。

♥ 状态要能"跑得快"。

摆正了姿态,接下来就是"状态"。

说白了,状态就是你自己得先打起精神来。很多人可能觉得,管理者出出主意、把把方向就好了,犯不着那么紧张。但我告诉你,你的状态直接决定团队的状态。试想一下,如果你每天进办公室都是一副心不在焉、疲惫不堪的样子,团队怎么可能有激情去完成工作?你的状态会直接传递到整个团队中,影响团队成员的工作心态和工作效率。

我见过不少管理者,天天忙得焦头烂额,吃饭、睡觉、开会,一溜儿连轴转,时间长了,状态不行,团队也跟着"丧"了。

之前有一次,公司冲刺年度大项目,我每天忙到飞起,处理各种邮件、会议不说,还得应对各种突发状况。那阵子,我连续几周加班,忙到恨不得连"喘口气"的时间都没有,焦虑直接写在脸上。每次一开会,我就催进度,催得大家个个神经绷得比我还紧。结果呢？效率不升反降，甚至有点儿崩盘的趋势。

后来，我意识到，问题出在自己身上。我开始调整状态，尽量让自己淡定下来，给自己和团队都留点空间。于是，我开始准时休息，简化流程，少开会，多听听团队的想法。

几周之后，我的状态慢慢恢复了，团队氛围也轻松了许多，就连效率也跟着提高了。可见，管理者的状态就是团队的"晴雨表"，你要是天天紧张兮兮的，整个团队也得跟着你风声鹤唳，但要是你能放松下来，团队自然也会跟着你跑得更稳、更快。

♥ **心态要能"想得开"。**

最后，聊聊"心态"。

在管理工作中，心态是最难调整的部分。很多管理者，姿态有了，状态也不错，但一到关键时刻，心态就崩了。心态不稳，什么都白搭。

记得有一次，我带队做危机公关，任务重、时间紧，在多重压力下，很快就爆发了内部矛盾。我当时急得不行，总想着"快点搞定"，结果越催越乱，团队矛盾越来越多，大家都有点儿顶不住了。多亏一位老领导点醒了我："急什么？问题永远会有，急功近利只会让你失去平衡。"

冷静下来后，我反思了自己的问题，顶着压力为团队争取时间，重新进行战略部署。最后，不仅问题得到了解决，团队的凝聚力也得到了提升。

所以说，心态决定了你能走多远。如果你总是着急，团队也跟着你急得团团转，结果只会是大家累得半死，事却没有办好。冷静应对、长远规划，才能让你带领团队在复杂环境中笑到最后。

课后总结

1. 姿态决定格局，状态决定执行，心态决定成败。
2. 管理者的高度，不在职位，在于姿态是否到位。
3. 状态不稳，团队再强也会迷失方向。
4. 没有正确的姿态、状态、心态，管理只是一场空谈。

向上管理：
如何把上级变成你的"同盟"

带着问题学管理

1. 上级不支持你，是他们冷漠，还是你没有让他们看到价值？
2. 怎样做才能把上级变成你的"同盟"？
3. 在管理过程中，你如何与上级建立共赢合作的关系？

带团队的人都遇到过这种情况：手里有个重要项目正在推进，团队忙得不亦乐乎，眼看着一切顺利，可一等到需要上级批准预算或者调配人手的时候，进度就卡住了。你去和上级沟通，结果对方却是一副"无所谓"的样子，甚至觉得你提的需求有些"多余"。最后，你只能带着团队硬撑，心里不免抱怨："这上级怎么就不懂咱们的难处呢？"

刚带团队那会儿，我也是这么"苦着"的人。当时刚升职，我一心扑在业务上，以为只要业绩亮眼，上级自然会看在眼里，主动给我资源、支持。结果呢？现实给了我一记响亮的耳光。

在一次重要的项目汇报会上，我信心满满地展示团队成果，心想这下上级肯定得给我批预算了。没想到，别说预算了，上级直接给我泼了一盆"凉水"："这个方向和公司的战略不太一致，你们可能要调整一下。"

一句话让我满腔的热情瞬间被浇灭。但回头想想，自己也确实没有提前了解过公司的整体战略。那一刻，我内心顿悟：原来想要走得长远，在一个人的战场上拼命是没有用的，得和上级步调一致。

这就是"向上管理"的重要性。你得把上级变成你的"同盟"，而不是各干各的。这不仅是为你的前途考虑，更是对你的团队负责。那么，具体应该怎么做呢？

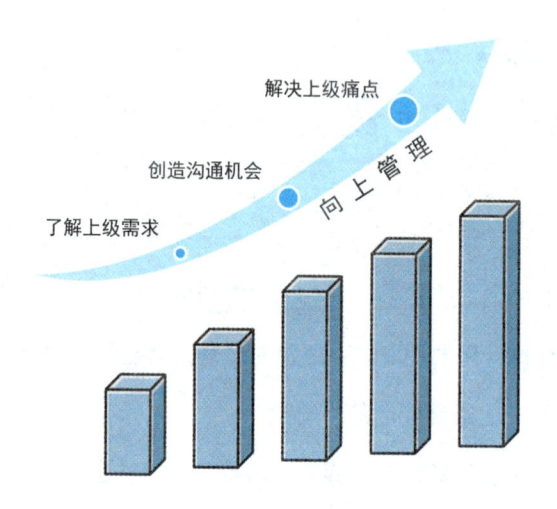

♥ 了解上级需求，站在他的立场思考问题。

向上管理的第一步，就是要学会站在上级的角度去思考问题。上级有他的KPI、压力和战略目标。如果你不能和他的需求对齐，无论你再怎么努力，对他来说只是"添乱"。

之前，我手里有个新项目，很多人不看好。当时，我的上级正在抓团队效率问题，于是，我在向他汇报项目进展的时候，着重展示了我们团队在这个项目里是如何通过优化流程、提高效率来推进工作的。结果，上级不仅对项目给予了大力支持，还在资源分配时对我们格外倾斜。上级其实不需要听你在做什么伟大的事，他们只想知道你做的事情能不能解决他们的痛点。

♥ 主动汇报，创造沟通的机会。

很多管理者常常陷入一个误区，认为只要把事情做好，结果摆在那儿，自然会获得上级的认可。但实际上，这种"被动等候"往往只会让你错失很多宝贵的机会。毕竟上级有很多事务要处理，谁有时间天天盯着你看呢？

要想拉近和上级的关系，主动汇报是关键。你得定期汇报工作进展，不要只是告知领导结果，还要把过程中的思路、遇到的难点，甚至如何克服这些难题的策略都拿出来讲讲。这样做不仅可以让上级更好地理解你的工作，还能让他们明白你不是在"瞎忙"，而是有的放矢、全盘考虑。

♥ **为上级分担压力，解决他的痛点。**

有一句话说，天下没有免费的午餐。想要上级全力支持你，你也得有所付出。每个上级都有自己的痛点，也许是业务上的难题，也许是团队管理中的棘手问题。你要是能帮他分担这些压力，解决他的头疼事，就等于把上级的信任值拉满了。

我遇到过一个场景，我的上级对某个业务模块相当头痛，团队执行力不足，进展缓慢，整个模块成了公司发展的一个"大钉子"。当时，我主动请缨，解决了这个问题。这件事让上级对我刮目相看，并在后续的资源分配中给了我们团队莫大的支持。

记住，向上管理的核心不在于讨好，而在于共赢。职场从来不是单打独斗的战场，管理者和上级的关系是相互的。上级需要你为他们解决问题，你则需要上级为你提供支持和资源。学会向上管理，你的团队资源和支持就不再遥不可及。

课后总结

1. 把上级变成同盟，不是讨好，而是策略。
2. 赢得上级支持，才是真正的职场捷径。
3. 得不到上级的信任，所有的方案都将止步于纸面。
4. 没有上级的支持，就算拼尽全力也难以破局。

立威立规：
搞定"不听话"的下属

> **带着问题学管理**
>
> 1. 当你被下属公开顶撞时，如何才能有效应对？
> 2. 面对老员工的挑战，你会如何应对？
> 3. 如何在制定规则时，确保下属心服口服并愿意遵守？

管理团队时，难免会遇到这样一种人：个性十足、意见满满，甚至还时不时公开顶撞你这个管理者。这种"不听话"的下属在任何公司都不少见。尤其是当你刚上任时，团队早就形成了一套固定的文化和秩序。如果你立不住威，定不下规矩，他们很快就会觉得你是个"可以随意摆布"的领导。结果是什么？权威扫地，团队如一盘散沙。

那么，面对这些"不听话"的家伙，你应该怎么办呢？是严厉打压，还是温柔抚慰？其实，大可不必走极端，只需做到两点就够了——"立威"与"立规"。

很多新手管理者以为，立威就是要居高临下、板起脸来震慑全场。但事实上，真正的威信不是通过恐吓来建立的，而是源于下属对你的尊重。这种尊重不是一日之功，而是需要通过你的专业能力、对工作的责任心和对团队的公平管理来逐步形成的。

至于立规，规矩从来不是单方面命令的产物。你需要设定清晰的行为准则，还得让下属心服口服，理解并认可这些规则。说白了，规矩得讲道理、讲逻辑，大家都清楚了规则的边界和红线，才能有效执行。

说到"不听话"的下属，不得不提一提团队里的"难缠典范"——老秦。我

第七章 领导力进阶与自我修炼：做掌控全局的管理者

刚接手团队的时候，老秦已经在公司做了好几年，觉得自己是"老资格"，完全不把我放在眼里。每次开会，他总是话里有话，阴阳怪气地说："哎呀，照你这么说，以前我们做的都是错的了？"

你能想象当时的场面吗？气氛瞬间凝固，我真的是脸上挂不住了。但我不想跟他正面"刚"，于是便采取了稍微缓和的策略，笑着对他说："老秦，我知道你经验丰富，咱们也希望借鉴你的经验让团队更稳健。不过，现在情况有点不同，得想点新办法。"本以为这招能奏效，结果他冷冷一笑："我觉得现有的办法挺好，不知道你们为什么非得改？"整个会议顿时陷入僵局。

会议结束后，我百感交集。老秦这种公开挑衅的态度必须处理，否则不仅影响团队合作，还会让其他人觉得我软弱可欺。于是，我决定私下找他聊聊。

谈话时，我先是肯定了老秦的贡献，同时也直接表达了我的困惑："老秦，我明白你对新决策有看法，但团队需要合作，尤其是在执行层面。你的经验很宝贵，但在执行和配合上同样重要。你觉得你能配合吗？"

老秦沉默了好一会儿，终于说出心里话："我其实并不反对，只是觉得我的经验没有被重视，有点不舒服。"

这番话给了我很大的启发。原来问题不在于对抗，而在于"被忽视"的情绪。于是，我立刻调整策略，对他说："你说得对，每个人的经验都很重要。接下来的项目，我想让你多参与决策，我们一起制定更好的方案。"

这次谈话后，老秦的态度有了明显好转，终于开始主动配合我的工作。

可见，搞定"不听话"的下属，靠威严压制是不可取的，你得了解他真正的诉求，同时让他认可你的管理方式和工作规矩。

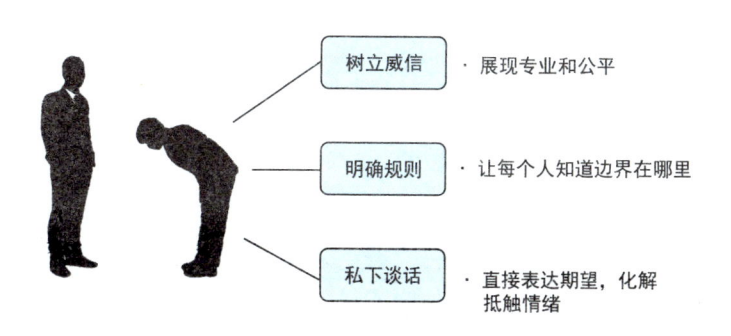

- 树立威信 · 展现专业和公平
- 明确规则 · 让每个人知道边界在哪里
- 私下谈话 · 直接表达期望，化解抵触情绪

♥ 树立威信：展现专业和公平。

立威，立的是"专业"和"公平"，你需要展示出足够的能力和专业性，才能赢得下属发自内心的尊重。所以，想要立威，你得让他们看到你的工作成果、扎实的专业知识，以及一视同仁的公平态度。

♥ 明确规则：让每个人知道边界在哪里。

规矩不是为了"管住"下属，而是让团队更高效地运转。作为管理者，你需要让每个人都清楚边界在哪里，哪些是底线，哪些是红线。这些规则不仅仅是为了对付那些"不听话"的人，更是为了维护团队的稳定。

♥ 私下谈话：直接表达期望，化解抵触情绪。

如果下属的"不听话"行为继续发生，公开场合也不是解决问题的最佳时机，私下谈话往往更有效。在一对一的场合下，表达你的期望，同时给予他们尊重和倾听的机会。通过了解他们的真实想法和情绪，你会发现很多看似"不听话"的行为，其实只是因为他们没有被理解或重视。

课后总结

1. 不敢立威，下属就会无视你的存在。
2. 搞不定下属，不是他们太难管，是你立的规矩太松。
3. 领导的威信不是给的，是靠立规矩立出来的。
4. 对不听话的下属手软，只会让整个团队跟着散乱。

管理节奏：
高情商管理者才能掌控全局

带着问题学管理

1. 面对紧急任务，如何才能让团队保持高效又不至于崩溃？
2. 长期项目中，如何让团队保持持续动力和节奏感？
3. 项目进展缓慢，是该强势施压，还是"温水煮青蛙"？

做管理，光靠决策力和执行力不够，还要懂如何"掌控节奏"。什么是节奏？通俗点说，就是在复杂的工作中，随时调整航向的敏锐性。像有些管理者，每天忙得不可开交，团队效率却丝毫不见起色；有些管理者，看起来不急不忙，团队却能稳步前进，关键时刻更是发力冲刺。区别其实就在于后者懂得怎么把握节奏。

节奏把握得好，团队就像一支配合默契的乐队，踩着拍子走，干活效率高。一旦节奏失控，团队就会成为一团乱麻，效率低下，甚至内耗严重。作为管理者，尤其是高情商的管理者，你必须随时留意团队的节奏变化，知道什么时候该松一松，什么时候该紧一紧，什么时候得果断调整方向。

高情商管理者和普通管理者的区别就在于，他们能精准拿捏工作节奏，既不会让团队累得散架，也不会松得散漫无力。这个"拿捏有度"不是天生的，而是靠无数的经验和智慧慢慢打磨出来的。

拿破仑说过："管理团队像带兵打仗，既要能激励士气，也得避免过度压榨士兵。"翻译成现代管理语言就是：你得知道什么时候给团队减压，什么时候再适时加码。只有掌握好这个节奏，团队才能一直保持最佳战斗状态。

成为管理高手

我们公司接到过一个大客户的加急订单，工期很紧，任务又多，完全没有给团队准备的机会。当时，大家都慌得不行，满口都是"完不成""没希望"。

面对这种局面，我知道不能让他们一股脑儿地扎进工作里，更不能让大家失控地乱窜。于是，我决定先给团队"降降温"。我先组织了一次短会，带领大家厘清任务，排好优先级，把大项目切成一块块小任务。这样拆开了看，其实也没有那么可怕。

果然，士气恢复了一些。但我知道，这只是暂时的。真正的挑战是如何保持这种状态，既要让他们有压力，推动项目进展，又不能压得太紧，把人逼得崩溃。

等到了项目中期的时候，我发现团队有点"懈怠"，尤其是几个关键任务的负责人，拖延症又犯了。这时候，节奏就得稍微紧一紧。我没有弄那种大规模的"声势浩大"的开会进行施压，而是选了"温水煮青蛙"的策略。找关键负责人单独聊，语气温和又不失压力："目前这个任务有什么困难？我们要不要想点新办法加快进度？"

很快，进度开始赶上来了。等项目进入尾声时，连续加班让团队士气低落、情绪紧张。我知道，这时候再加压，效果只会适得其反，于是，我果断给团队放了半天假，让大家都喘口气。短暂的休息让大家精神焕发，工作效率直线上升。

最终，项目顺利完成。通过这次经历，我更加深刻地认识到：管理节奏不是简单地调控快与慢，而是保持压力与舒缓的完美平衡。

管理节奏调控秘籍
- ♪ 张弛有度的工作节奏
- ♪ 注意识别"隐性问题"
- ♪ 用"小目标"增强节奏感

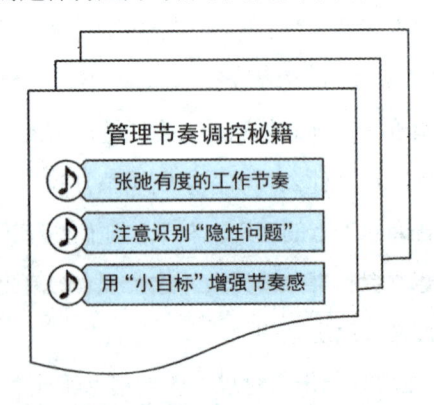

♥ **采取"紧张与松弛"相结合的工作节奏。**

持续高压只会让团队精疲力竭，过度松弛则会让团队失去方向。因此，在管理中，你得为团队设计一个"紧张与松弛相结合"的工作节奏，找到其中的平衡点。

通常来说，可以在项目初期和中期，适当地给团队布置一些任务，逼着大家迅速进入状态。一旦关键节点完成，就要适当地让团队放松一下，哪怕是简单庆祝或半天假期，都能让他们重新焕发活力。

♥ **识别"隐性问题"，及时调整节奏。**

很多时候，团队表面上看似风平浪静，实则潜藏着隐性问题。这种问题往往不会体现在工作成果上，而会通过团队成员的情绪、效率或士气体现出来。作为管理者，你得及时识别这些信号，预防节奏失控。

如果有些成员平时效率高，但突然工作进展缓慢、态度消极，你就要警惕：是不是节奏出了问题？可以通过个别谈话了解真实情况，看看是否需要调整节奏，提前防范。

♥ **善用"小目标"增强节奏感。**

长周期的项目最容易让团队疲惫不堪、士气低落。为了避免这种情况，管理者可以设定一些"小目标"，帮助团队分阶段保持节奏感。

比如，一个项目可能需要半年时间完成，那就把项目拆解成若干个短期内可实现的目标。每当团队完成一个阶段性目标时，你可以举办个小型庆祝会，强化团队的节奏感和士气。通过这种阶段性胜利的激励，团队的整体节奏会更加顺畅，动力更强。

课后总结

1. 掌控全局靠的不只是智商，还有读懂人心的情商。
2. 管理者的节奏感，不在于速度，而在于情商的拿捏。
3. 情商才是管理者的隐形王牌，掌控全局的关键所在。
4. 高情商管理者不只抓结果，还懂得调动人心。

领导力复盘：
管理高手的 3 个"里程碑"

> **带着问题学管理**
>
> 1. 你会"复盘"和反思自己的管理方式吗？
> 2. 当命令不再奏效时，你怎么确保团队心甘情愿跟你走？
> 3. 面对下属情绪崩溃，你是先帮助他们恢复状态，还是催促进度？

管理是一条永无止境的修炼之路，每个管理者都会在这条路上遇到自己的"关卡"，有人忙得脚不沾地，有人却步步为营，优雅爬升。但不管怎么样，有一件事是所有管理高手都会做的，那就是"复盘"——停下来看看自己走了多远，学到了什么，犯了哪些错误，哪些地方还能改进。

复盘其实是管理高手的"标配习惯"，不是为了跟自己过不去，而是为了更好地掌控节奏。今天咱们就来聊聊管理路上你该设下的三个"里程碑"。每个里程碑背后，都代表着一个阶段性的突破。如果你能认真复盘这些"里程碑"，我敢保证，你离"高手"不远了。

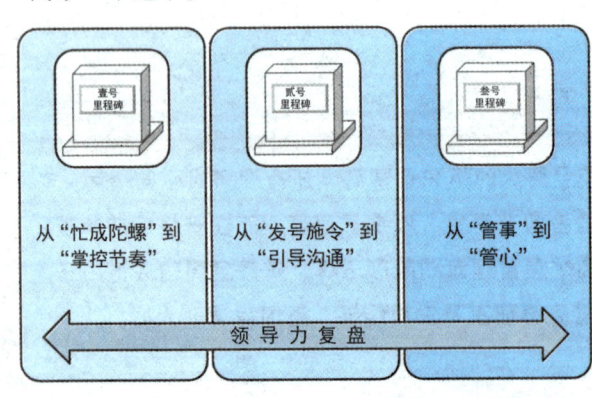

壹号里程碑	贰号里程碑	叁号里程碑
从"忙成陀螺"到"掌控节奏"	从"发号施令"到"引导沟通"	从"管事"到"管心"

← 领导力复盘 →

♥ 第一个里程碑：从"忙成陀螺"到"掌控节奏"。

管理工作最大的"坑"就是忙。刚当上领导，你会发现自己就像进入高速运转的车轮，琐事不断，突发状况天天有，简直像个救火队员，哪里冒烟往哪里冲。一天到晚被各种小事拖着跑，回到家倒头就睡，感觉自己忙得不行，可偏偏效率不高。这就是典型的"忙碌陷阱"。

我见过一个刚上任的经理，大家都说他勤快，事无巨细，亲力亲为，可他的团队却总是疲于奔命，进展缓慢。后来，他自己也迷茫了：我这么拼，为什么团队效率却这么低？他找我聊过后，开始明白一个道理——忙≠有效率。作为管理者，你的角色不是救火，而是"掌控节奏"。你必须学会对工作分好层次、设优先级，而不是事无巨细，全都揽在自己身上。

后来，他开始尝试给团队设定清晰的阶段性目标，每天抓住重点，放开那些琐碎的小事。很快，团队效率就有了明显提升，自己也轻松了不少。忙碌得井井有条，这才是管理的正确方式。

复盘提示：

· 你是否忙到焦头烂额，却看不到实质进展？
· 你和团队是否清楚当前的任务和最终目标的关系？

当你能够从这种"救火式管理"中脱身出来，开始掌控节奏而不是被节奏牵着走时，恭喜你，第一个里程碑已经树立起来了。

♥ 第二个里程碑：从"发号施令"到"引导沟通"。

你可能会想："既然我是领导，那说话算话，大家就该照着干。"这听起来不错，但真的这么简单就好了。实际情况是，下属们往往不是你说什么他们就无条件执行，他们还会质疑、找借口、推责任。久而久之，你可能会觉得沟通没有用，自己只需要下达命令就行了。

事实上，领导力的核心不在于"下达命令"，而在于"引导沟通"。你不能指望所有人照着你的"圣旨"干得毫无怨言，你需要懂得如何倾听和引导。要用沟通的力量，让团队从"要我做"变成"我要做"。

复盘提示：

- 你是否总觉得下属执行不到位？
- 你是否给了团队成员表达和沟通的空间？

当你从简单地"下达命令"转变为引导团队讨论，真正激发他们的动力时，恭喜你，你已经树立了第二个里程碑。

♥ **第三个里程碑：从"管事"到"管心"。**

管事很简单，管人心才难。管理高手和普通管理者最大的区别就在于，高手不仅能"管事"，更懂得"管心"。因为团队的效率，很多时候不取决于流程，而是人心。

当你发现某个下属突然工作效率下滑、情绪低落时，一开始可能会觉得是对方的工作能力出了问题，但无论怎么指导，情况就是不见好转。这时候，问题可能不在于工作，而在于心态。团队成员的心态、情绪也会直接影响工作状态，想要解决这个问题，还得从情绪入手。

复盘提示：
- 你是否关注团队成员的情绪和心态？
- 你能否及时发现并帮助下属处理情绪问题？

当你不仅能高效分配工作，还能关注下属的心态，解决他们的心理障碍时，你就已经树立了第三个里程碑。

课后总结

1. 管理高手的里程碑，不是荣誉，而是反思中的突破。
2. 每个里程碑，都是管理者在困境中蜕变的见证。
3. 领导力的提升，不在终点，而在每个复盘后的觉醒。

第八章

组织结构与人才管理：打造高效团队的核心

人岗匹配：
通过架构调整提升团队效率

带着问题学管理

1. 团队架构不匹配时，你是调整岗位还是责怪员工？

2. 你是了解每个人的长短板，还是只用最"顺手"的人？

3. 你敢打破舒适区，重新定义团队角色吗？

在管理岗位做了这么多年，我发现，如今的市场状态，是"拼搏在当下，竞争在未来"。在这个快速变化的时代，企业之间的竞争日益激烈，团队效率的高低，往往决定了企业能否在市场中脱颖而出。

不过，有太多的管理者还活在"昨天"，一直企图用催着马儿跑的方法提高团队效率。这其实是很可怕的。团队是一辆车，快跑是目的，可如果将方向盘跟车轮调换位置，无论你如何猛踩油门，这辆车都跑不起来。想让车跑得又快又好，你必须认识到人岗匹配的重要性。

你要明确：人岗匹配，不仅是将合适的人放在合适的岗位上那么简单，它更是一种战略性的资源配置方式。一个高效的团队，必然是每位成员都能在其岗位上发挥最大潜能，实现个人价值与企业目标的双赢。

因此，你必须重视人岗匹配，学会人岗匹配，并把它作为提升团队效率的重要抓手。然而遗憾的是，许多企业在人岗匹配，也就是组织架构上，往往存在诸多弊端。比如，岗位设置不合理，导致人才浪费或短缺；职责划分不清，造成工作推诿和效率低下；沟通渠道不畅，影响团队协作和信息传递等。这些问题，如同一道道枷锁，束缚着企业的发展步伐。

面对这些问题，你该如何破局呢？我的做法是：调整架构，实现人岗精准匹配。

有一个大家耳熟能详的故事：一个和尚挑水吃，两个和尚抬水吃，三个和尚没水吃。不知道大家有没有深入想过，为什么人越多，团队效率越低，业绩也持续走低？假如三个和尚能合理分配岗位，比如力气大的挑水，手艺好的做饭，干活麻利的处理杂物，而不是全都挤在一个岗位上，团队效率是不是会大大提升呢？为什么有的团队是"三个臭皮匠抵得上一个诸葛亮"，而你的团队却是"三个和尚没水吃"？

归根到底，还是合适的人不在合适的岗位上，白白浪费了资源。既然人岗不匹配，那就调整架构，提高团队效率。我带团队的时候，一般会通过下面几步，做到快速调整。

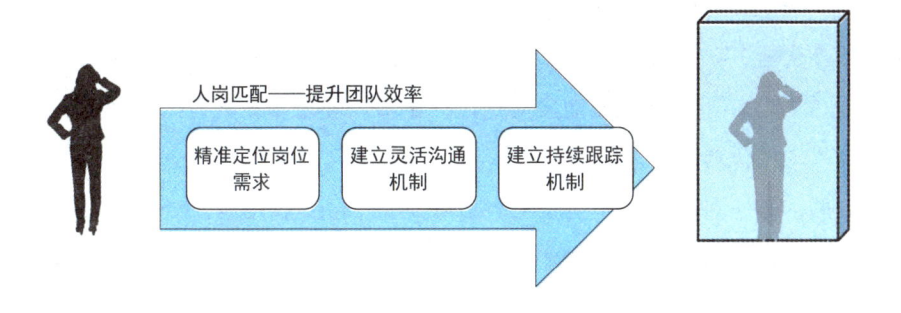

人岗匹配——提升团队效率

精准定位岗位需求 → 建立灵活沟通机制 → 建立持续跟踪机制

♥ **第一步：精准定位岗位需求。**

团队就是一棵树，只有敢于修剪枝丫，它才能蓬勃成长，开花结果。管理团队也是一样，当团队增势过猛、枝丫太多时，你要对企业的发展战略和业务需求进行深入分析，明确每个岗位的核心职责和技能要求。只有这样，你才能确保招聘到的人能真正满足岗位需求。

明确了岗位需求后，你还要在此基础上，对现有岗位进行梳理和优化，去掉用处不大的"枝丫"。如对于冗余或重复的岗位进行合并，对于缺失或薄弱的岗位进行补充，确保每个成员都能发挥其应有的作用。

♥ 第二步：建立灵活的沟通机制。

当你感觉任务难以有效完成时，很多时候，是沟通机制出了问题。团队运行，领导靠嘴巴，成员靠耳朵。架构调整不仅仅是岗位和人员的重新组合，更是沟通机制的优化。你要打破部门壁垒，建立跨部门、跨层级的沟通渠道，确保信息能够顺畅传递，问题能够得到及时解决。

前段时间，公司推进了一个大型项目，需要技术、市场和产品等部门紧密合作。一开始，这些部门各自为战，信息传递缓慢，项目进展迟缓。为了打破这种局面，我开始推动跨部门协作，设立跨部门的项目小组，每个小组由不同部门的人组成，负责项目的某一阶段任务。这样一来，团队成员不仅加强了沟通，还能互相学习，项目推进效率明显提高。

♥ 第三步：精细优化，持续跟踪。

很多管理者一提到调整架构，就想到进行大刀阔斧的改革，其实小的调整往往更见成效。你不需要频繁地变动岗位或职责，而是要在现有的基础上进行优化，实现人的优势的最大化。

最后，你还要建立人岗匹配的持续跟踪机制，定期对团队效率进行评估和反馈。对于出现的问题和偏差，要及时调整和优化，确保团队始终保持高效运转状态。

课后总结

1. 人岗不匹配，再优秀的人也只能事倍功半。
2. 该重组就重组，该裁剪就裁剪，调整架构要有壮士断腕的精神。
3. 效率的瓶颈，不在个人能力不强，而在岗位分配不科学。
4. 调整团队架构不能一劳永逸，要随时动、随势动。

招聘技巧：
招聘比自己厉害的人

带着问题学管理

1. 你是否敢招聘比自己更厉害的人，还是更喜欢安全感？
2. 当面试者挑战你的观点时，你是欣赏还是排斥？
3. 你在招聘时，是在找人才，还是在找"听话"的人？

作为一名管理者，我最佩服的是两千多年前的汉高祖刘邦。

他这样说过："夫运筹帷幄之中，决胜千里之外，吾不如子房；镇国家，抚百姓，给饷馈，不绝粮道，吾不如萧何；连百万之军，战必胜，攻必取，吾不如韩信。三者皆人杰，吾能用之，此吾所以取天下者也。"

这番话道出了企业管理的至理：要想击败强敌，取得辉煌业绩，你得会用比自己更厉害的人。可如果真的遇到比自己厉害的人，你敢放心用吗？

面试时遇到这样的人，你心里会不会暗自嘀咕：这人比我厉害太多了，真的能放心招进来吗？他进来后会不会直接"抢了我的饭碗"？我以前也是这么想的，生怕自己成了团队里那个"最弱"的存在。后来我发现，招比自己厉害的人，其实是管理者成熟的标志。敢不敢招比自己厉害的人，决定了你能不能带领团队突破天花板。

管理的本质就是"借力打力"。如果你能招到比自己更厉害的员工，把他们的能力发挥到极致，不仅团队效率快速提升，连你也会在他们的推动下进步。简单来说，招比自己厉害的人，不是让自己下台，而是让整个团队包括你自己都能走得更远。

我认识一个从事人力资源的员工，他曾跟我谈心，说每次面试，看到对方的方案比自己做得更优秀时，心里就会感到很不是滋味，害怕对方有一天会取代自己。于是，第一时间，他就会在心中将其筛掉。

其实，像他的这种做法在现实生活中并不少见。这种由于忌妒或者担忧而产生的破坏性行为，其实是自我信心不足和心胸狭隘的一种表现。长此以往，事情必定走向恶性循环。

美国企业家奥格尔维说过："如果你一直都只是任用比你水平低的人，那么你的公司将会沦为一个侏儒公司。相反，如果你任用比你水平高的人，那么你的公司将会成长为一个巨人公司。"

作为领导者，你必须具备一颗开放、包容的心。这意味着你要勇于承认自己的不足，敢于走出舒适区，接受并欣赏那些在某些领域超越自己的人才。记住，招聘"牛人"不是为了威胁你的地位，而是为了共同推动企业飞跃。当你愿意放下身段，以学习者的姿态拥抱新知，就能吸引更多同样渴望成长、追求卓越的人才。

所以，要想团队强大，你必须把更多"牛人"招到自己身边。问题来了：既然"牛人"能力更强，人家凭什么心甘情愿跟随你？这其实是有技巧的。我的团队里就有很多比自己厉害的人，他们几乎都是我用下面几招挖来的。大家不妨一试。

招聘 → 激动人心的企业愿景
　　　→ 公平文化，激励机制
　　　→ 明确问题，精准找人

♥ **第一，清晰、激动人心的企业愿景是吸引"牛人"的关键。**

身为管理者，你一定要会"画饼"，敢"画饼"。如果你给不了优秀人才一个令他满意的现在，那就一定要给他一个可以展望的未来。古往今来，凡是将"大牛"招募到麾下的管理者，哪个不是"画饼大师"？企业愿景不仅仅是关于利润和规模的数字游戏，更是关于团队成员为何存在、将去向何方的深刻思考。当"牛人"看到企业致力于解决的社会问题、推动的行业变革、将要实现的宏大目标时，他们会因共鸣而加入，因认同而留下。

♥ 第二，构建公平文化，优化激励机制。

"饼"画了，"肉"也要割。"牛人"之所以被称为"牛"，是因为他们拥有独特的才能和不懈的追求。想要留住人才，不能只开空头支票。所以，你必须构建一个公平、透明的工作环境，让每个人的努力都能得到应有的回报。

同时，优化激励机制，建立薪酬、晋升、股权等制度，这既能体现个人价值，又能激发团队活力。记住，"牛人"不仅看重金钱，更看重成长空间和成就感。

♥ 第三，明确你需要"牛人"解决什么问题。

说到招聘，大家容易掉入的一个坑就是——总想找到那个"完美"的人，好像对方什么都会、什么都能干，就能实现利益最大化。实际上，这种人基本不存在。所以，正确的思路应该是，明确团队当前最需要解决的问题，基于问题去找人。

一次，我的团队在市场拓展方面遇到瓶颈，我当时的想法是：必须找个擅长市场的"牛人"来打破这个困境。于是，我紧盯那些有丰富市场拓展经验的人。人是找到了，但问题却没有得以解决。我又仔细研究，发现团队其实缺少一个懂得跨区域营销的专家，于是赶紧调整瞄准方向。最后，我找到一个曾在多个市场开疆拓土的高手。正是他的加入，团队打开了新市场。

课后总结

1. 动摇你地位的不是比你更优秀的人才，而是嫉贤妒能。
2. 相比于蝇头小利，"牛人"更在乎成长与发展。
3. 只有招到真正的"牛人"，才能打破公司的成长瓶颈。
4. 拒绝平庸，从敢于吸引比自己优秀的人开始。

晋升与人才盘点：
做好团队的"人才蓄水池"

带着问题学管理

1. 你是否定期评估团队成员的潜力和发展需求？
2. 在人才盘点中，你是否考虑到未来的职位需求和技能缺口？
3. 当发现人才流失风险时，你能否及时采取措施留住关键人才？

记得有部电影，里面有这样一句台词：21世纪什么最重要？是人才！

其实，何止21世纪，从古至今，及至未来，任何一个时代，人才都是团队宝贵的财富。这虽是老生常谈，但却是亘古不变的至理。但怎样留住人才，却是个老大难的问题。前段时间，还有做管理的朋友向我请教，说明明已经很重视人才了，但团队还是留不住优秀的人才，很是让人头疼。

为什么会留不住？我反问对方："你说自己重视人才，那你的团队里，每个人的长处与短处分别是什么？该给的激励与分红到位了吗？有合理的晋升机制吗？"对方听后，一下子说不出话来。

如果"重视"仅是挂在嘴上、流于形式，留不住人才也很正常。

我和很多优秀的员工有过深谈，发现他们有一个共同特点，那就是更喜欢晋升空间大的团队。人才之所以是人才，除了个人能力强之外，当然不会甘于平庸。而晋升，不仅意味着工资增加，还意味着能力得到认可，地位得到提高。

一个优秀的团队，不仅需要优秀的领导，更需要优秀的员工。人才的流失，往往会给企业造成巨大损失。我带过不少团队，后来发现，在众多的离职原因中，晋升机制不健全占了很大的比重。说到这里，我想起了一个很有意思的小故事。

猎人为了让自己能得到更多猎物，决定对猎狗论功行赏：捉到兔子的猎狗，能得到几根骨头,捉不到的就没有饭吃;年底考核,最后一名杀掉。

这一招果然有效,猎狗抓兔子的积极性大大提高,但没过多久,猎人发现猎狗抓到的兔子个头却越来越小。为什么呢?原来是猎狗觉得既然奖励都一样,就没有必要费那么大的力气去抓跑得快的大兔子了。

于是,猎人又改变规定,把奖励与猎物的重量挂钩。过一段时间后,猎狗的积极性又大幅度降低了。原来猎狗开始害怕自己将来老了,捉不到兔子,就没有骨头可吃了。为了解决这一难题,猎人承诺给它们养老保障。猎狗又开始奋力捕猎,后来更严重的问题发生了,一些优秀的猎狗竟然开始逃跑。

猎人大惑不解,抓到一只逃跑的猎狗询问原因。原来,那些猎狗逃跑不是对待遇不满意,而是希望有一天也能像猎人一样,成为老板。

猎人听后,恍然大悟。为了管理好剩下的猎狗,猎人成立了猎狗公司,出台了三条新政策:第一条,优秀的猎狗可以享受分红;第二条,连续评为优秀的猎狗,可成为终身猎狗,享受一系列诱人的优厚待遇;第三条,优秀的猎狗可以随着业绩增长,逐步成为团队经理、业务总监、总经理、董事长……

从此之后,再也没有猎狗逃离了。

你发现没有,团队管理得好与不好,其实就差一个晋升制度。那么,如何让公司这座蓄水池"滴水不漏"呢?你不妨学习猎人,从以下几个方面着手。

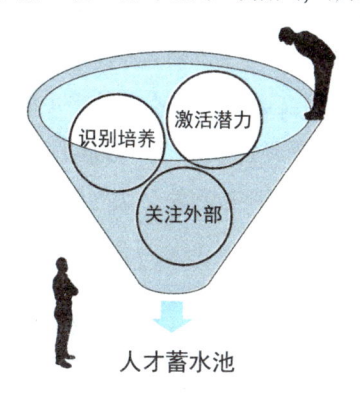

人才蓄水池

♥ **第一,找到激活人才潜力的催化剂。**

很多员工在公司工作一段时间后,会逐渐感到迷茫,不知道自己的发展方向,这往往是离职率上升的重要原因。作为管理者,你应该设计出一条清晰的晋升路径,让员工明确知道,自己在公司未来可以坐到什么位置,如何通过努力获得晋升机会。

晋升是人才管理中不可或缺的一环。它不仅是对员工努力的认可，更是激发团队活力、促进人才流动的重要方式。在晋升过程中，你要坚持公平、公正、公开的原则，确保每位员工都能在适合的岗位上发光发热。同时，建立明确的晋升标准和路径，让员工看到成长方向，感受到努力的价值。

♥ **第二，精准识别与培养。**

人才盘点就像给团队做"年度体检"。很多管理者可能觉得，工作忙，没时间做这些"无关紧要"的盘点工作。但事实却是，人才定期盘点可以帮助你随时掌握团队动态，避免人才断层。

我管理团队，就会每个季度对团队成员进行一次盘点，看看哪些人表现突出，哪些人可能需要额外支持和培训。通过这样的盘点，我可以及时发现团队里有潜力的人才，也可以为那些发展遇到瓶颈的员工提供更多帮助。这种盘点还能让我随时掌握团队中每个人的工作状态，确保团队结构稳定。

♥ **第三，不要忘记外部"蓄水池"。**

有时候，只靠内部的人才储备还不够，外部的人才市场同样是你需要关注的重点。特别是在公司需要快速扩张时，内部培养的人才可能无法很好地支撑团队发展。所以，定期关注行业人才动态，主动与优秀人才保持联系，也是一个重要的策略。

我的团队在快速扩张时，就遭遇过人才储备不足的困境。好在我早已建立外部"蓄水池"，通过猎头、行业聚会等方式，储备了一批优质的外部人才。于是，我迅速招揽了几位行业中优秀的销售经理，以及一批优秀的销售人才，这些人后来成为团队业绩增长的中坚力量。

课后总结

1. 人是团队的根，有根才有花，有花才有果。
2. 提拔不能只停留在管理者的口头上。
3. 人才盘点不到位，晋升只会陷入青黄不接的困境。
4. 蓄不住人才，再好的晋升机制也是空中楼阁。

干部选拔：
业绩好不一定适合转管理岗

> **带着问题学管理**
>
> **1. 业绩突出的人是否具备管理所需的软技能？**
>
> **2. 你是否在选拔干部时仅关注业绩，而忽略了管理能力？**
>
> **3. 当优秀员工转到管理岗位表现不佳时，你会反思选拔标准吗？**

最近有一些做管理的朋友问我：是不是业绩好的员工就一定要被提拔到管理岗？

说句老实话，我很长一段时间并未意识到这个问题，或许跟我年轻时的一次"惨痛教训"有关。但现在经过一段时间的调研发现，"业绩好就要被提拔到管理岗"这个现象，在很多企业都非常普遍。其实这并不奇怪，大部分公司都以业绩论英雄。那些业绩出类拔萃的员工，哪个不是公司的宝贝，捧在手上怕掉了，含在嘴里怕化了。每次公司进行人事调动时，恨不得把这些业务尖兵全提上来，将他们与公司绑定。

然而，业绩好，真的等同于管理能力强吗？

答案显然是否定的。业绩好，是专业技能、市场洞察力以及个人努力的体现。业务能力是技术，但管理能力则是一门复杂的艺术，它要求个体具备多方面的能力，二者绝不能混为一谈。

除了对业务的深刻理解外，管理者还需要具备卓越的领导力、团队协作能力、决策能力以及情绪管理能力。这些能力并非一蹴而就，而是需要不断学习与实践积累。

就让我来说一下我的"惨痛经历"吧。那是十几年前了，我当时还年轻，干劲儿十足。当时正逢我被公司调到分部，担任项目经理，我那段时间整天就琢磨着怎么才能干出一番事业。新官上任三把火，我发现当时团队里有个老张，年年都是业绩明星，但在公司干了这么多年，还是处在业务人员的基础岗位上。

我就想，这么好的人才，多年得不到提拔，老张绝对是被打压了！于是我不顾其他领导劝阻，一意孤行地将老张提拔了上来，当我的副手。我想得很美，有此"卧龙"相助，我岂能大业不成？但现实给了我当头一棒。

老张虽然业务能力拔尖，但管理能力一塌糊涂，他不光难以有效管理团队，无法激发团队成员的积极性和创造力，甚至在他的"辅佐"下，没多久，整个团队的业绩出现了下滑。我尝试过用多种方法进行调整，但都未能改变现状。最后老张自己也受不了了，他找我谈话，说自己更擅长的是与客户沟通、达成交易，而不是带领团队实现目标。

这次教训让我反思了很久，我意识到业绩突出的员工可能更擅长执行，但在带领团队、制定战略方面却显得力不从心。他们可能习惯了冲锋陷阵，却难以适应从台前到幕后的角色转变。

管理岗位意味着更多的责任与压力。业绩优秀的员工是否愿意放弃部分个人成就，以换取团队的共同成长？俗话说，"骏马行千里，犁田不如牛"，人才管理也是这个道理。每个人都有优点和缺点，作为企业的管理者，在任用与提拔人才时，必须灵活把控。所以在以后提拔员工时，我给自己定下了三个准则，在这里分享给大家。

♥ 第一，明确业绩不与领导力挂钩。

领导力是激发团队潜能、引领方向的艺术。它要求管理者能够洞察人心，理解团队成员的多元需求，建立信任与共识，从而激发每个人的最大潜能。这种能力，并非通过单纯的业绩积累就能自然获得。它需要持续地学习、实践和反思，是在无数次的沟通与协调中逐步磨炼而成的。

♥ 第二，要有从"我"到"我们"的思维转变。

选拔干部时，"我们"的着力点绝不能停留于一城一池的得失，而是总揽全局。员工执行任务时，往往更注重个人成就与目标达成，管理者则需将视角从"我"转向"我们"。当你不确定自己看好的人才是否值得被提拔时，可以做一个简单的考核，让他用管理者的方式工作一段时间，看他们能否时刻关注团队的整体绩效，顺利协调各方资源，确保团队目标实现，等等。这种思维方式的转变，对于许多业绩出众的员工来说，都是一个不小的挑战。是否适合管理，一试便知。

♥ 第三，建档立案，用数据说话。

在麦当劳，每个员工都有专门的档案，上面详细地记载了他们的特长、短处。因此，麦当劳的管理人员，都很清楚员工的特征，知道该给他们安排什么样的任务，知道他们在什么样的工作岗位上能发挥出自身的长处，以此提升工作效率。

作为管理者，你不妨也建档立案，用数据去"认清"员工。你必须明白，真正的善用人者，第一件事就是对员工的优缺点保持清醒、客观的认识，该不该提拔，要用数据说话。

课后总结

1. 业绩再亮眼，也不代表有带队的本事。
2. 把业绩高手放在管理岗，无异于把他们困在牢笼里。
3. 用人所长，不可拔苗助长。
4. 好干部靠的是领导力，而不是单打独斗。

职业规划：
真正帮助下属找到人生方向

带着问题学管理

1. 帮助下属规划时，你会聆听他们的想法吗？

2. 你愿意提供职业发展资源，而不仅是口头支持吗？

3. 当下属困惑时，你会主动帮助他们吗？

我发现，当下不仅是年轻人，甚至一些大众眼中比较成功的管理者，都是得过且过，没有明确的人生方向。

这不是个别现象，而是一种普遍的社会状态。

这种状态，自然是不正常的。作为一名管理者，你不仅自己要有规划、有方向，更要承担起"人生导师"的责任，帮助下属找到他们的"人生方向"。

你也许会问：这有必要吗？

当然有。

我刚参加工作的时候，每天上班的动力就是等着下班。我的领导看出我的状态，却没有放弃我，而是用尽十八般武艺，帮我规划人生。

我当时问他："这有必要吗？"

他是这样说的："当然有必要！一个团队如果没有明确的方向，就如一艘没有指南针的船，只能在大海上迷失。而团队的方向，是由一个一个员工的小方向组成的。只有大家的方向一致，才能凝聚出强大的向心力，团队发展才能一往无前。"

直到今天，这番话依然是我工作的座右铭。很多管理者觉得，只要下属完成眼前任务，团队目标就达成了。至于他们的未来，似乎是个人的事，跟管理者没有太大关系。事实却是，下属的职业规划直接影响他们的工作动力与长期表现。一个在职业生涯中迷失方向的员工，往往难以在工作中找到动力。久而久之，这种状态不仅会影响他们自身，还会拖累整个团队的效率。

我的团队中有位刚毕业的员工小李，他工作踏实认真，任务完成度很高，但总显得缺乏激情。每次交代新的任务，他都会尽力去做，但始终给人一种"差点儿什么"的感觉。直到有一次我与他谈心，才发现他内心一直对未来感到迷茫。他不知道自己努力工作的目标是什么，更不知道该如何提升自己，长期处于一种"为了工作而工作"的状态。这种状态发展下去，自然就是工作"划水"。

因此，作为管理者，你除了帮助下属完成眼前的工作，一定要想方设法帮助他们找到人生的方向。只有当下属真正发现职业生涯的意义，获得长期发展的潜力，他们才会全心投入工作，团队整体实力才能提高。

问题的重点是，管理者要如何帮助下属完成职业规划，找到人生方向？我是这样做的。

♥ **首先，找到激发职业动力的源头。**

职业规划的第一步，必须从了解下属的兴趣和价值观入手。如果一个员工的工作与他们的兴趣和价值观相违背，再怎么努力，他们也难以长久保持动力。因此，作为领导者，你需要通过日常沟通或正式谈心，了解下属内心真正看重的是什么，他们在工作中最享受的部分是什么。

一次，我和团队的一名销售谈话。我问他："你在工作中，最喜欢做的事情是什么？是开发新客户，还是维系老客户？"他坦言："其实，我更喜欢分析市场数据，挖掘潜在的商业机会，而不是直接和客户打交道。"

通过这次对话，我意识到，他更适合从事市场分析类工作，而不是当前的客户经理。于是，我帮助他在工作中逐步转型，给予他更多参与市场分析的机会，并为他做了未来向市场部转岗的规划。他的工作热情显著提高，业绩也逐渐提升。

♥ **其次，引导他们制定长远目标。**

很多下属的职业发展困惑，源于只专注于眼前的工作任务，而缺乏长远的职业目标。他们可能每天忙于完成日常任务，却不知道这些工作对于他们的长期发展有何意义。作为领导者，你需要帮助他们跳出眼前的事务，从更宏观的角度思考自己的职业发展。

当员工每天都在按部就班地完成任务，却不知道这样做能让自己走到哪里时，你可以帮助他确定未来几年的发展方向、目标。比如，帮助对方制订具体的提升计划，包括学习项目管理技能、参与公司内部项目管理培训等。制定长远目标，能让员工不再只是忙于眼前的工作，而是开始主动追求能够帮助他实现未来职业目标的机会。

♥ **最后，提供持续反馈与支持。**

职业发展不是一蹴而就的，它需要管理者在日常工作中提供持续的反馈与支持。当下属在成长道路上遇到困难或迷茫时，作为领导，你要及时提供反馈，帮助他们找到方向。这不仅是技术上的辅导，更是对他们职业发展的引导。

通过持续反馈与支持，下属在你的帮助下能够在职业发展过程中找到方向，避免陷入短期的困惑和挫折中。

课后总结

1. 职业规划不是"画饼"，而是帮助下属点亮前行的灯塔。
2. 管理者不仅要有领导的魅力，还要有导师的智慧。
3. 帮助下属找到方向，比单纯地提高业绩更有价值。
4. 放眼成员的未来，才能让团队稳立当下。

第九章

企业文化与价值观塑造：从理念到行动的转化之道

价值观落地：
要让企业价值观"知行合一"

带着问题学管理

1. 团队成员能否真正理解企业价值观，而不是仅仅挂在嘴边？
2. 当团队成员的行为与价值观不符时，你会及时纠正吗？
3. 你是否在日常工作中以身作则，践行企业价值观？

说到企业价值观，你眼前是不是浮现出这样的画面：

会议上，领导滔滔不绝地讲着"创新""合作""开放沟通"，墙上贴满各种标语，团队群里也时不时弹出一条条企业文化的提醒。无处不在的"企业价值观"，激励着领导、员工全力向前冲。

可在实际工作中，这些价值观经常只停留在"嘴上"和"墙上"。大家说几句套话，心里都不以为然，最后会散了，价值观也跟着散了。其实，不要说下属，作为领导，很多时候，我也会不自觉地陷入这种"价值观空转"的状态。

前几年，我带了一支新团队。刚接手的时候，我就发现团队特别强调"创新"和"合作"。我心想这挺好，省得我想办法增强凝聚力了，于是便照本宣科，每天在团队会议上念叨创新、合作。后来我却发现，说归说，但用处是一点也没有，大家按部就班，工作中各自为战。看到团队的状态，我开始思考，如何才能真正让企业价值观"落地生根"，真正做到"知行合一"。结合这些年踩过的"坑"和积累的经验，我发现，要让价值观真正融入日常工作，关键不是靠喊口号，而是需要从细节入手，让大家不仅知道怎么做，还得自愿去做。

你站在那里只喊口号有什么用呢？喊到口干舌燥，大家不明白你具体想要什么，只会按照自己的想法、状态推进工作。所以，你得把那些空泛的价值观变成具体的、大家日常的工作任务。比如，我发现团队虽然嘴上说着"创新"，但却一直用旧办法解决问题。我想既然大家不知道怎么创新，那我就给他们一些具体指引。我开始要求他们每周在项目汇报时，都得提出一个新创意，哪怕是小点子也行。与此同时，我还组织了"创新分享会"，大家轮流上台分享自己思考的新思路、新方法。慢慢地，大家也开始尝试突破惯性思维，主动提出一些新想法。

因此，千万别让价值观浮在空中，得有明确的行为标准，告诉大家具体该怎么做。说"创新"，就给他们一个创新的机会和场景；说"合作"，就设定具体的合作目标，不能只靠喊口号。

很多人不知道让价值观落地的具体方法，今天，我就分享一下，我是如何把那些听起来"高大上"的价值观转化为实际行动的。

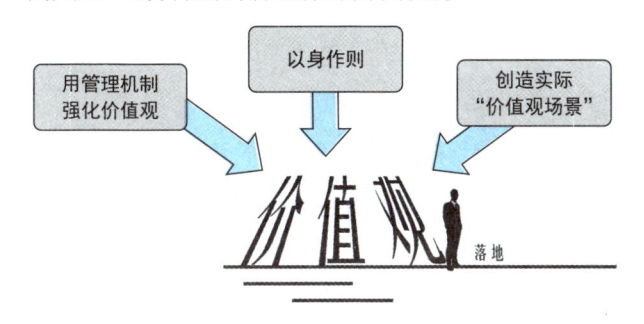

♥ 第一，用管理机制来强化价值观。

仅靠嘴皮子，哪能让大家真心实意地落实价值观呢？要有实际行动，尤其是要靠制度落地。你嘴上说"合作"，结果年终考核还是只看个人成绩，大家肯定更重视自己能否干好，合作自然成了"走过场"。

我就遇到过这种情况，公司一再强调"团队合作"，但绩效考核却只看个人的销售业绩。结果每个人都在打自己的算盘，合作说得热闹，实际上没什么用。后来，公司调整制度，增加了"团队奖"，奖励那些在团队中表现出色、互相帮助的成员。这样一来，大家的合作热情就真正被激发出来了。

你想让大家合作，就得把合作的好处实打实地体现在考核和奖励上。说白了，大家都会问："我做了这些，对我有什么好处？"制度要给出答案。

♥ 第二，领导者要"以身作则"。

你知道团队成员会向谁看齐吗？当然是领导。所以，你如果自己都不落地这些价值观，还能指望别人执行吗？几年前，我就被自己的"言行不一"教育了一回。

那时候公司推行"开放沟通"，我口头上也强调"透明沟通"的重要性，实际上有些决策做了却没有跟大家及时反馈。结果有个员工私下对我说："领导，我们讲的是开放沟通，可你怎么有些事没有和我们说清楚呢？"我这才意识到，自己做错了。

从那以后，我每次做决定前都会和团队商量，推进项目后也及时反馈。慢慢地，团队的沟通氛围真的开放起来，大家都敢说话了。

♥ 第三，创造实际的"价值观场景"。

要想让价值观变成行动，就得在实际工作中创造机会。团队合作、创新这些理念，必须有让大家体验和践行的具体场景。

一次，我们接了一个跨部门的大项目，流程复杂，大家一开始都有点儿不情愿。我觉得这不正是"团队合作"的好机会吗？于是赶紧组织几次跨部门的集体讨论，打破部门墙，让大家面对面沟通。同时，还在项目里设立了"合作奖"，激励团队之间协调和配合。

通过业务合作，大家逐渐明白合作不是嘴上说说的，而是在行动中互相帮助，成果也是实实在在的。这次经历不仅让我们顺利完成项目，也让"团队合作"的理念真正深入人心。

课后总结

1. 价值观喊破喉咙，不践行就等于零。
2. 只有"知行合一"，才能让价值观成为团队的真正信仰。
3. 价值观要用制度来强化，别光说不练。
4. 给团队价值观创造落地环境。

团队文化：
通过无形力量提升团队战斗力

带着问题学管理

1. 你是否定期评估团队文化对士气的影响？
2. 团队文化能否真正激励成员，而不是仅仅存在于口号中？
3. 你是否愿意投入时间和精力来培养积极的团队文化？

在这个话题展开前，我想先跟大家简单聊聊什么是"企业文化"。

企业文化，是由价值观、信念、仪式、符号、处世方式等组成的组织特有的文化形象。从某种意义上讲，企业文化概念的提出和兴起，是现代企业管理发展的一个里程碑。当原有的管理科学陷入困境时，企业文化在管理中的地位立即得到提高。

如果说管理是驾驶一辆车，那么团队文化就是这辆车的"引擎"。一台强大的引擎可以让车跑得更快、更远，但一台弱小或缺乏保养的引擎，却会让车处处受阻。企业文化如此重要，然而在现代企业管理中，很多管理者只注重任务分配、目标设定，却往往忽视"无形"的企业文化对整体效率和团队凝聚力的影响。

管理团队多年，我越来越意识到，真正决定团队战斗力的，往往不是表面的绩效考核和奖励机制，而是团队文化。很多时候，一个气氛融洽、充满信任和归属感的团队，往往能在困难面前展现出超乎寻常的战斗力；反之，管理再严格的团队，如果内部缺乏凝聚力、战斗力，很容易在关键时刻"掉链子"。

一次，我的团队接手了一个大型跨部门项目，任务紧，难度大。按道理来说，面对这样的项目应该压力巨大，可我的团队从一开始就显得干劲十足、状态很好。特别是在项目关键的最后几天，大家居然自发提出延长工作时间，主动协作，毫无怨言。最后，项目提前完成，客户满意度非常高。

我的团队为什么会有这么强的凝聚力？在于团队文化。在这个团队里，大家一直强调开放沟通、互助协作，久而久之，就习惯了彼此信任和帮助。平时看不出来，但当遇到大的挑战时，这种文化就变成无形的战斗力，让团队成员自发地应对压力，而不是等待指令。

想要建立企业文化，你可以从以下几个方面入手。

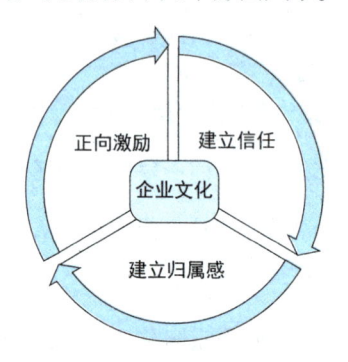

```
       正向激励    建立信任
            企业文化
          建立归属感
```

♥ **第一，从信任开始，营造良好的团队氛围。**

信任是优秀团队文化的核心要素。试想，如果团队成员之间缺乏信任，大家只顾"自扫门前雪"，根本不愿意帮助同事，团队怎么可能有战斗力？我带过一支团队，刚开始的时候，大家虽然工作配合得还算不错，但始终感觉缺少点儿"人情味"。后来我发现，大家缺乏的是彼此间的信任。

为了改变这种状况，我开始组织一些团队建设活动，尝试打破彼此间的隔阂。在这种集体活动中，大家逐渐拉进了彼此间的距离，互相扶持。后来，团队里有成员在工作中遇到困难，大家主动帮忙分担，慢慢地，团队的信任度越来越高，氛围也变得更加融洽。信任的建立让团队成员感到自己不是孤军奋战，而是有强大的后盾支持。

♥ **第二，建立归属感，让团队成为"家"。**

团队文化中的归属感是另一个提升战斗力的关键因素。如果团队成员只是把工作当成一项任务，没有情感上的归属感，遇到挑战时，他们往往更容易选择退缩。相反，如果大家觉得团队就是"家"，会更愿意为团队拼尽全力。

在一次项目交付的关键阶段，我团队里的设计师因为家里突然有事，情绪波动很大，影响了工作进度。当时，项目已经进入关键阶段，进度稍有延误就会导致整个项目失败。在这样的情况下，团队里的其他人不仅没有抱怨，反而主动帮他分担工作。有些人甚至愿意加班完成他没来得及做的部分。最后，项目按时完成。

从那以后，团队成员之间的感情变得更加紧密，大家对团队的归属感大大增强。归属感的建立，让每个人都不愿意拖团队后腿，反而更加努力地贡献力量。

♥ **第三，用正向激励塑造文化，传递正能量。**

人都是渴望被认可的。如果你的团队文化中缺乏激励和认可，大家容易产生"我干了那么多，为什么没人看见"的感觉。久而久之，士气低落，战斗力自然下降。

我有一个朋友，有一次，她的团队完成了一项艰巨的任务，但因为大家紧接着要忙下一个项目，她没有来得及好好表扬那些表现突出的员工。后来，团队整体情绪开始低落，缺乏干劲。弄清楚状况后，她赶紧组织了一次"表彰会"，不仅给大家发了奖励，还专门给每个人写了一封感谢信，详细列出了他们在项目中的贡献。大家收到信时都非常感动，士气一下子又恢复了。

事实证明，这种正向激励能极大地提升团队士气，激发他们的战斗力。

课后总结

1. 真正的战斗力，源自团队骨子里的文化认同。
2. 看不见的文化，才是驱动团队冲锋陷阵的力量。
3. 让团队成员产生归属感，大家更愿意为"家"付出。
4. 团队文化不是虚无缥缈的，而是每个行动背后的信念。

建立信任：
成为下属心目中的"靠山"

> **带着问题学管理**
>
> **1.** 当下属遇到困难时，你会主动提供帮助吗？
>
> **2.** 你是否保持透明的沟通状态，建立相互信任的关系？
>
> **3.** 你是否真正关心下属的成长，而不仅仅是关注业绩？

看到"靠山"两个字，你想到了什么？是否在自我审视——自己算不算下属心目中的"靠山"。想得到答案很简单，请大家先回答我的三个问题：

第一，面对困难时，你是退避三舍，还是迎难而上？

第二，面对风险时，你是逃之夭夭，还是勇于挑战？

第三，面对失败时，你是将责任推给别人，还是勇于承担？

相信问过自己后，大家对于刚才的问题，心中已经有了答案。

作为领导，你的角色不仅是指挥官，还要成为下属心目中的"靠山"。很多时候，团队成员不仅希望你提供明确的指示和任务，更希望你能在关键时刻挺身而出，给予他们信任和支持。没有信任的领导，很难赢得下属的心，也难以激发团队的潜力。

我带过一支新团队，最初大家对我并不熟悉，虽然表面上客客气气，但在工作中，我明显感受到了一种疏离感。每次我做出指示，大家执行得不痛不痒，也缺少主动性。直到有一次，有个下属在处理客户投诉时犯了错，事情闹得有点儿大，他特别紧张。后来，他私下找到我说："这件事我没有处理好，要是影响公司形象，我就只能辞职了。"

当时，我就意识到，这不仅是工作上的问题，更是一次赢得团队人心的机会。于是，我一边安慰他，一边在公司领导面前替他承担了责任。

从那天开始，我就发现，团队氛围发生了明显变化。当下属知道我会站在他们这边，愿意为他们承担压力时，他们自然会对我产生信任感。这不仅是一次危机的解决，更是信任建立的关键节点。

我接触过很多管理者，他们在与员工共事时，总是习惯性地指挥员工怎样做，遇到问题却退避三舍，把它们扔给员工，生怕"锅"背在自己身上。当员工做不好时，他们又会指责员工无能。殊不知，这样不仅不能有效激励员工，还会让他们产生怨恨和抵制情绪。只有成为员工心目中的"靠山"，信任才更牢固，激励才更加有效。

那么，管理者如何才能真正成为下属心目中的"靠山"？根据以往的管理经验，我提出以下几点建议，希望有用。

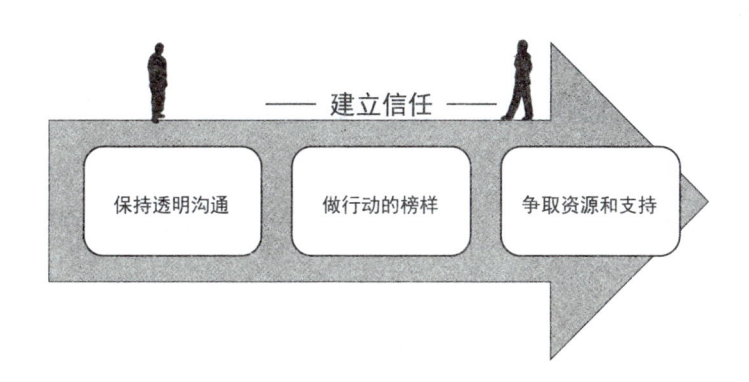

建立信任：保持透明沟通 → 做行动的榜样 → 争取资源和支持

♥ 建议一：保持透明沟通的状态，让下属感到"有底"。

信任的另一个关键点是保持沟通的透明度。下属对领导的信任，不仅在于领导愿意为他们承担责任，还在于领导能及时、准确地与他们沟通。当下属不知道公司的动向、团队目标或决策理由时，就很容易产生不安全感，这种不安会直接影响团队的士气和战斗力。

公司的人事变动、业务调整、目标决策，不必遮遮掩掩，而是要告诉团队成员。如果有顾虑，也要直言你的安排与考虑，给他们吃一颗定心丸。

这种透明的沟通方式，会让下属产生一种"有底"的感觉，知道自己没有被蒙在鼓里。这样的沟通不仅能减少他们的焦虑，还能增强他们对领导的信任。

♥ **建议二：做行动的榜样，赢得信任。**

言必行，行必果，是领导赢得下属信任的基础之一。说得好不如做得好，下属更相信领导的行动而非口号。如果你一边要求员工加班拼搏，一边自己每天准时下班；或者总是告诉团队要勇于创新，但每次遇到风险时自己却选择保守。时间一长，团队成员自然会对你失去信任。

一次，公司决定加大对新产品的投入，但有一定的风险。团队里有些人担心项目失败会影响自己的业绩，犹豫不决。这时候，我带头参与项目推进，并且在高层领导面前承诺，如果项目出现问题，我会承担所有责任。这种行动上的表率，让团队成员感到，我虽然让他们冒了险，但却和他们一起往前冲，共同承担风险。榜样带来了强烈的信任感，大家士气高涨，一起奋力拼搏，项目顺利完成。

♥ **建议三：在关键时刻站出来，为团队争取资源和支持。**

作为管理者，你要在团队遇到困难或瓶颈时，勇敢地站出来，为团队争取资源和支持。下属信任你，不仅因为你平时的领导能力，更在于你能够在他们最需要的时候，成为他们的依靠。因此，关键时刻，你的挺身而出、极力争取，团队成员会看在眼里，记在心里。如此，他们会发自内心地把你当成自己的"靠山"。

这样的团队，才是真正强大的团队。

课后总结

1. 没有信任，领导的位置再高，也是空架子。
2. 把"给我上"变成"跟我上"。
3. "靠山"不是自封的，是在关键时刻挺身而出换来的。
4. 下属只信服能在风雨中护他们周全的人。

激发动力：
少用物质奖励激励员工

带着问题学管理

1. 你是否认为非物质激励比金钱更能有效地驱动员工？

2. 激励员工时，你是否关注他们的内在需求而非外在奖励？

3. 当员工表现出色时，你会为他们提供成长机会而不仅仅是奖金吗？

前不久，我跟几个朋友又聊起了怎样才能让"马儿跑得更快"。他们的回答还是一如既往地肯定——提待遇，发奖金。

可我追问："公司给员工的资源足够、待遇很好、奖励也很多时，他们还追求什么呢？不工作了吗？"大家面面相觑，谁也说不出话来。

对于很多管理者来说，好像发奖金、提待遇就是"终极法宝"。团队没有动力？发奖金！业绩下滑？发奖金！此招一出，团队士气瞬间拉满，每个人都像打了鸡血一样往前冲。可问题是，这种刺激往往就像打游戏时的外挂，爽快一时，效果一过，士气又跌回谷底。这个时候，你还发奖金吗？

我告诉你，发也没有用。时间一久，大家慢慢就会对"额外奖金"产生依赖感，到那时候，你发得再多也起不到激励作用了。相反，这还会让他们产生理所当然的感觉，以后每干一点儿活，就会索取额外的回报。长此以往，管理会更加困难。

这让我想起几年前自己也犯了同样的错误。那个时候，团队成员工作没有激情，效率不高，我决定来一次"金钱激励"，给大家发了一笔丰厚的奖金。果不其然，接下来的几周，整个团队火力全开，简直像换了支队伍。可好景不长，一个月后，我发现，没有奖金的"刺激"，大家又回到原来的"摸鱼模式"。

我再次尝试发奖金，结果却发现，员工们的反应越来越冷淡，似乎慢慢开始习惯。那时我才明白，物质奖励只是短期有效的"止痛药"，根本治不了团队动力不足的顽疾。要想真正激发员工的内在动力，只靠物质奖励是行不通的。

那靠什么呢？内在激励。无论是金钱还是各种福利，终归都是外在刺激，而员工的内在动力，才是支撑他们长期高效工作的源泉。要培养这种内在驱动，我们需要从更深层次入手。相较于物质奖励，对于绝大多数员工来说，他们内心更渴望以下几种东西。

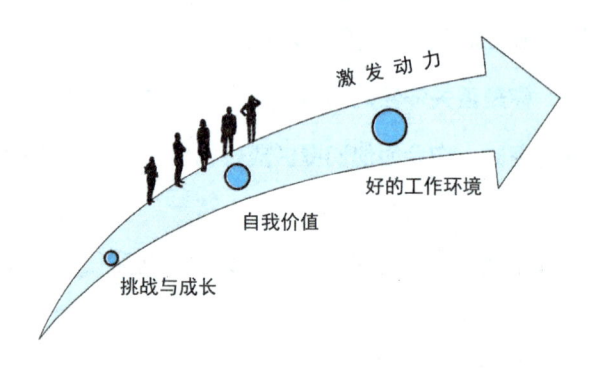

♥ **第一，给予员工挑战与成长。**

古语说得好，"鱼与熊掌不可兼得"，说明鱼和熊掌都是人们想要的东西。但在管理中，有一样东西能让员工既忘掉"鱼"，又忘掉"熊掌"。那是什么呢？成长。员工可以暂时不去追求物质奖励，但绝对不会拒绝成长的机会。

有一段时间，我的一个下属小王工作不太积极，我就想到了物质奖励的方法。每次给他发奖金，他都只是笑笑，说声"谢谢"，就没有然后了，继续保持"稳定"的发挥。我意识到物质奖励对他没有太大作用，于是改变策略，给了他一个更具挑战性的任务，还配备了学习机会和学习资源。小王一开始还有些不自信，怕弄砸，但我持续鼓励他，并给予他支持。他逐渐上手，项目完成得相当漂亮。最后，他发现自己的能力有了提升，工作状态变得积极起来。

♥ 第二，让他们感觉自己很重要。

有时候，员工工作的动力不仅是为了获得薪水，更多的是找到工作中的归属感。谁不希望自己在公司里是不可或缺的？员工只有感受到自己的价值，才会更有动力去努力。

内在激励的核心，一定是让员工感受到他们的工作是有意义的，他们的人是很重要的。员工只有看到自己工作的价值，意识到他们对公司、对客户的贡献时，才会感到内心满足，有成就感。这种成就感，比金钱带来的短暂满足更加持久和强烈。

♥ 第三，好环境比金钱更能留住人。

我一直认为，一个良好的工作环境能给员工带来持久的动力。你发现没有？在一个气氛轻松、积极的团队中，大家的工作效率往往会更高，心情也更好。在一个充满压力和紧张的环境下，再多的奖金也无法换来真正的动力。这体现了环境的重要性。

我的团队每周会组织一个小活动，大家一起休闲娱乐，过得很轻松。在轻松愉快的相处中，团队氛围越来越融洽，大家之间的协作也更默契。这样的工作环境，让大家即便不拿奖金，也愿意把更多的精力投入工作中。

课后总结

1. 物质奖励能"买"来短暂的冲劲，却"买"不到持久的忠诚。
2. 只发钱，不顾内心需求，只会被发"好人卡"。
3. 钱很重要，未来能赚到的钱比现在的钱更重要。
4. 靠奖金驱动的激情，熄灭得比点燃得更快。

发现自我优势：
挖掘自己的"管理超能力"

带着问题学管理

1. 你有没有寻求反馈，以识别自己的管理强项和弱项？
2. 在团队中，你能否识别出哪些技能使你与众不同？
3. 你是否愿意花时间探索并发展自己的管理潜力？

有个朋友向我吐槽，说："为什么那些管理大神，能把团队带得风生水起，自己却只能在一旁不温不火？好像无论自己怎么努力，总是差了那么点儿火候，团队既没有那么听话，项目推进得也没有那么顺利。原因到底出在哪里？"

原因当然出在自己身上。

我以前总觉得，管理这件事吃的是天赋饭。看到那些把团队带得像打了鸡血一样的管理者，总觉得他们天生就是干这个的，自己注定只能做个"平凡"的业务能手。每当开会讨论管理问题时，我总觉得自己跟不上节奏，别人谈战略、谈人心，我只能在项目细节上仔细推敲。忙来忙去，好像自己永远突破不了管理瓶颈。

后来，领导看出我的困惑，给了我一些"点拨"。他说："每个人的管理风格都不一样，有人靠霸气镇场面，有人靠亲和力拉人心，关键在于找到自己的优势。"他的这番话像一盏灯，点亮了我当时混沌的世界。

于是，我开始有意识地反思自己在管理中的表现，仔细回顾过往的一些成功和失败的管理经历。同时，留意自己在团队中的优势和不足，比如哪些场合自己能够轻松应对，哪些问题弄得自己措手不及。

慢慢地，我发现自己面对复杂项目时，擅长梳理方向、调配资源、优化流程。这些常常让团队的工作效率得到显著提升。于是，我知道了自己的"管理超能力"。

但是，只有发现还不够，我决定进一步强化这些优势。于是，我主动承担起更多的跨部门项目，利用自己的协调和资源整合能力，帮助团队解决棘手问题。通过一次又一次的实践、磨合，我的管理风格越来越清晰，团队也开始更依赖我在关键时刻的统筹能力。

终于，我不再羡慕那些"靠霸气镇场子"的领导，因为我找到了自己的管理之道。

这就是我想说的——管理不是非要像其他人那样千篇一律，你可以有自己的一套方法。重要的是，你要找到自己真正擅长的东西，并将它发挥到极致。

如果你也在寻找自己的"管理超能力"，别着急，今天我就分享几个方法，帮助你挖掘出属于自己的管理优势。

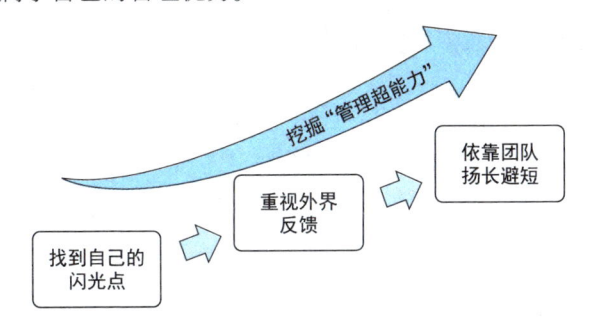

挖掘"管理超能力"：找到自己的闪光点 → 重视外界反馈 → 依靠团队扬长避短

♥ 第一，回顾过往，找到自己的闪光点。

每个人都有自己特别擅长的领域。无论是在日常工作中，还是处理突发事件时，你一定有那么几次，感觉自己"超水平发挥"了。没错，那就是你的"超能力"。

我记得有一次，公司临时接到一个大项目，时间紧，任务重，很多人愁眉苦脸，不知该如何分配资源。为了尽快完成任务，我主动站出来协调各个部门，重新安排任务的优先级，所有人按照新计划顺利推进，项目如期完成。

从那时起，我就意识到，自己的优势在于调度资源和统筹安排。这让我在管理中更加注重如何高效利用资源，而不是单纯地抓细节。因此，想要找到自己的"超能力"，你不妨回顾一下以往的经历，找到自己"闪光"的地方。没错，那就是你的管理优势。

♥ **第二，用外界的眼光帮助你看清自己。**

很多时候，你对自己的优势是"盲目的"。因为你习惯于自己日常的行为，反而忽略了隐藏在平常习惯中的"优势"。这个时候，你要听听别人的反馈，尤其是同事和下属的意见，往往能让你对自己的管理风格有更清晰的认知。

我在一次团队建设会上，特意询问我的团队成员："你们觉得我在管理中最让你们感到印象深刻的是什么？"没想到大家一致认为我的沟通能力是最大的亮点。虽然我一直觉得沟通是管理的一部分，没有意识到它竟然是我的核心优势。后来，我专注提升这一点，结果发现，沟通顺畅后，团队的协作能力和士气也随之提升。

♥ **第三，把弱项交给团队，放大强项。**

管理者不需要面面俱到，真正的"超能力"是知道如何运用团队的力量来弥补自己的短板，然后专注于发挥自己的强项。

管理的"超能力"不在于你多么完美，而在于你如何放大长处，并让团队帮你补齐短板。你找到自己的管理优势时，要不断地打磨它，直到把它变成你的"王牌"。任何技能都需要不断地练习和强化，管理超能力也是如此。

课后总结

1. 找不到自身优势，再多的经验只是徒劳。
2. 不了解自己的强项，就永远无法带出真正的强队。
3. 让你自豪的时刻，往往就是你发挥优势的时刻。
4. "管理超能力"不是天赋，而是对自我认知的深度挖掘。

互补团队：
打造一支"1+1>2"的黄金团队

> **带着问题学管理**
>
> **1. 为什么团队成员的不同优势能带来更好的协作效果？**
>
> **2. 如何定期评估团队的协作效果，并及时进行调整？**
>
> **3. 组建团队时，为什么考虑技能和个性的互补至关重要？**

所有管理者都希望团队成员的力量正向叠加，发挥出"1+1>2"甚至">3"的效果，而不是相互抵消递减。拥有这种美好的愿望没有错，但应该先弄清这样一个问题——你带领的队伍是一支合格的团队吗？

如果你管理过团队，一定有过这样的体会：有些团队，成员个个能力出众，但他们的协作效果却不尽如人意；而有些团队，虽然成员个人能力平平，但一旦配合起来，却能爆发出惊人的战斗力。为什么呢？归根结底，就是团队的互补性在发挥作用。

很多管理者有一个误区，以为只要招来一群能力超强的人，就能组成一支所向披靡的团队。但事实并非如此，光有一群"最强大脑"，不一定能打赢"最强战役"。每个人都有优缺点，团队的强大不是依靠个人的完美，而是依靠成员之间的优势互补。

我很喜欢看球，依然记得进入 21 世纪后，因为英超联赛的火热，大家都认为英格兰队很快能再次获得世界杯冠军。于是，在 2006 年的德国世界杯上，英格兰球迷自信地认为球队有很大的夺冠概率，并且宣称这支英格兰队是史上最强的。的确，看看他们的阵容，从后卫到前锋，每个位置都有世界知名的巨星压阵。

但现实与理想总是差别很大。英格兰队从小组第一场比赛开始就步履艰难，每一场都赢得很艰辛，丝毫没有展现出强队的风采，在四强争夺战中，点球败给葡萄牙队，遗憾出局。后来，英国媒体开始评论为什么看似强大无比的英格兰队会以如此糟糕的表现出局呢？最终人们发现，防守做得很好，前锋也不错，但中场不给力。

不是说中场的人员配置不给力，而是人员的搭配出现问题。左前卫乔·科尔和右前卫贝克汉姆没有问题，但前腰兰帕德和后腰杰拉德以及哈格里夫斯的搭配出了问题。兰帕德在切尔西俱乐部踢前腰，杰拉德在利物浦俱乐部中也踢前腰，两个人风格相同，都想进攻，不顾防守，留下哈格里夫斯一个人防守。哈格里夫斯经常是一个人面对对方三名球员的围抢，丢球是必然的，这就让后防线时刻面临巨大的压力。因此，后院频频起火，前锋能有多少机会得到球？

兰帕德和杰拉德在各自的俱乐部中都是头牌，进攻能力超强，主教练不敢将任何一个人从主力位置上摘除，也想依赖两人的进攻能力绞杀对手。不料想，"两德"相加没有达到预期的效果，反而相互抵消了战斗力，成了"1+1<2"的局面。不仅个人表现差，英格兰队也表现糟糕，成了当时的足坛笑柄，令人惋惜。

如果不希望自己带领的团队沦为没有战斗力的乌合之众，你可以按照以下三点打造团队。

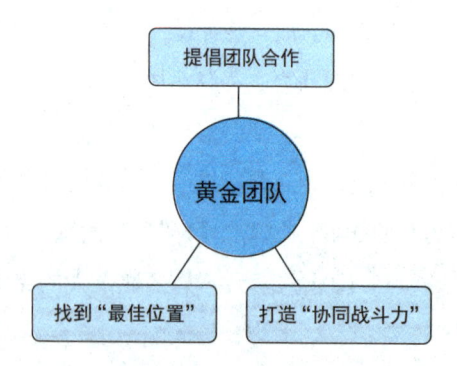

```
        提倡团队合作
              │
           ┌──┴──┐
           │黄金团队│
           └──┬──┘
        ┌─────┴─────┐
    找到"最佳位置"  打造"协同战斗力"
```

♥ **第一，取消"独角戏"，提倡团队合作。**

很多优秀的员工有做"独立英雄"的倾向，喜欢自己解决问题，甚至认为找别人帮忙是一种"无能"的表现。但这样的独立英雄主义往往会限制团队整体效能的发挥。

实现"人心齐"，就要制定一个团队成员共同追求的目标。用这个目标为团队成员指引方向、提供动力，让每名成员自觉地、尽力地贡献力量。制定的共同目标一定要有可行性，还要寻找全体成员心里期望的焦点，不能有偏向性，也不能设立侧重点，要让成员感受到公平合理。团队无论经历任何风浪，目标都能起到指引方向和凝聚人心的作用。

♥ 第二，找到每个人在团队中的"最佳位置"。

在足球场上，每个球员都有不同的分工：前锋负责进球，后卫负责防守，门将则守住最后一道关卡。管理团队也是如此，关键是找到每个人的最佳位置，让他们在合适的位置上发挥最大效能。真正和谐的团队中，每位成员都能各施所长，也能各得其所。

首先，员工之间是和谐的。其次，制度是和谐的。团队内部有一套完整的、人性化的、和谐的规章制度，可以轻松地约束成员的行为，达到协调一致的效果。

♥ 第三，互相信赖，打造团队的"协同战斗力"。

一个高效的团队，最重要的基石是信任。没有信任，团队成员之间的协作只能是表面上的，真正的战斗力无从体现。一旦建立信任，团队成员都会更加积极地帮助彼此，并在关键时刻挺身而出。

一次，我们的项目遇到突发情况，某个环节的负责人生病，项目眼看就要被拖延。我当时感到很焦虑，生怕团队陷入混乱。没想到，项目组里的成员在这个紧急时刻展现出极强的信任感——其他人立刻主动接手任务，谁擅长哪个部分，立刻就补位上去。最终，项目不仅按时完成，团队的默契度也更上一层楼。

课后总结

1. 黄金团队，不是单靠个人闪光，而是彼此成就。
2. 互补才能裂变，单打独斗永远无法突破瓶颈。
3. 真正的强队，是让每块短板都成为彼此的支撑点。
4. "1+1>2"不是奇迹，而是团队互补后的必然结果。

平衡术：
在事业与生活之间找到"黄金分割点"

带着问题学管理

1. 为什么找到事业与生活的平衡对个人幸福至关重要？
2. 如何识别和调整导致生活与工作失衡的因素？
3. 如何评估自己在事业和生活中的时间分配是否合理？

恭喜各位，想必看到这里的你，已经对如何成为管理高手胸有成竹了，相信今后大家的事业都能蒸蒸日上，未来一片坦途。该聊的管理心得，我自己所掌握的，已经分享完了，在本书最后，我想跟大家聊点儿走心的。

闭上眼睛回想一下，你有没有过这样的时刻：工作堆积如山、项目进度迫在眉睫，家里的孩子还在等你回去讲睡前故事，伴侣期待你一起吃顿晚饭。每次应付完工作，你筋疲力尽地回家，总觉得自己既没有尽到好员工的责任，也没有做个合格的家庭成员。于是，一种深深的内疚感油然而生，仿佛总是在事业和生活两端拉扯。

其实，我也是这么过来的，永远在事业和家庭之间摇摆。早上9点冲进办公室，脑子里全是要完成的工作任务；晚上回到家，手机不离手，生怕错过客户发来的重要信息。直到有一天，女儿问我："爸爸，为什么你每天都在工作，什么时候能陪我玩儿呢？"这句话瞬间让我警觉起来。我意识到，我正陷入一种"无休止的忙碌"中，真正重要的东西却在悄然流逝。

我开始反思，总说努力工作是为了家庭，但这句话是在骗亲人，还是自我安慰呢？难道事业与生活真的无法兼得吗？难道我们只能二选一？

为了寻找这个"两难"问题的答案，我忙里偷闲，给自己放了一个小长假。经过一段时间的调整，我渐渐找到事业与生活之间的"黄金分割点"。今天，我就分享一些从亲身实践中学到的经验，帮助你在事业和生活中找到平衡。

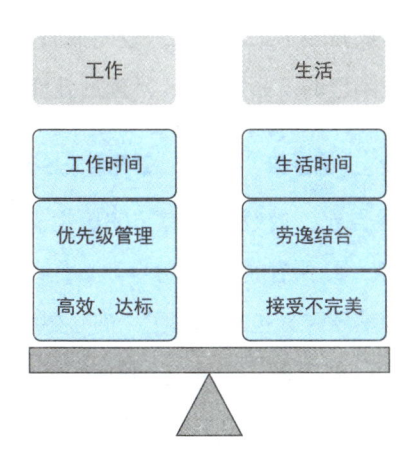

```
        工作            生活
    ┌─────────┐     ┌─────────┐
    │ 工作时间 │     │ 生活时间 │
    ├─────────┤     ├─────────┤
    │优先级管理│     │ 劳逸结合 │
    ├─────────┤     ├─────────┤
    │高效、达标│     │接受不完美│
    └─────────┘     └─────────┘
    ═══════════════════════════
                  ▲
```

♥ **第一，工作时间是工作，生活时间是生活。**

现代社会，尤其是在互联网时代，工作和生活的界限似乎越来越模糊。手机消息随时随地跳出来，让我们总是难以从工作中彻底抽身。刚开始时，我也是随时待命，甚至半夜还在回邮件，但渐渐地，我意识到，这样不仅影响休息，还让家庭生活陷入不正常的状态。

我开始有意识地设定界限：工作时间专注于工作，生活时间专注于家庭。每天早晨，我会先列出当天最重要的三件事，然后集中精力高效完成。等到下班后，我会关掉所有工作通知，陪家人聊聊天或者运动一小时。这个简单的调整，让我再也不用担心工作会影响到家庭生活。

♥ **第二，学会"优先级管理"，别把所有的事都归为最高优先级。**

很多时候，我们的工作之所以占据了全部生活，往往是因为我们没有划分轻重缓急。所有事情在我们的眼中都是"紧急且重要"的，于是日复一日地加班，无暇顾及其他。

我在一个项目上遇到过类似的困境：项目非常繁杂，很多琐碎任务不断涌来，搞得我焦头烂额。我原本和家人共度周末的计划也被这堆任务彻底打乱。后来，我意识到，事情不全都需要我立刻处理，我开始学会用"优先级"筛选工作任务。将最重要、最紧急的任务提前完成，其他的可以适当延期或分配给团队成员。

通过这种方法，我不仅减轻了工作负担，也能抽出更多的时间陪伴家人。事实上，很多原本让我焦虑不已的"紧急任务"，延后处理时并没有那么急迫。

♥ **第三，别追求"完美"，适度的"不完美"才能带来更多的幸福感。**

很多管理者，包括我自己，曾经都患有"完美主义"，总想把每一个项目、每一个方案做到完美无缺，结果往往事倍功半，工作时间拉得很长，却收效甚微。与此同时，生活中的重要时刻也都错过了，内心始终觉得不平衡。

直到有一天，我看了一部电影，里面的一句台词让我如梦初醒："你不需要做得完美，只需要做得足够好。"这句话让我意识到，过分追求完美，反而会让工作与生活两败俱伤。于是，我开始给自己设定更现实的目标，把"完美主义"放一放，工作上追求高效、达标，而不是无止境地精益求精。这个策略让我的工作更有节奏感，也为生活保留了更多空间。

课后总结

1. 只顾事业，不顾生活，赢了业绩却输了人生。
2. 事业与生活失衡，再大的成就也难掩内心空虚。
3. 工作和生活不是对立的，而是相辅相成的。
4. 找到"黄金分割点"，是成功与幸福共存的关键。